JN000765

チームの成果と
メンバーの成長を両立させる

株式会社フィールドマネージメント・
ヒューマンリソース

和田真二

自由国民社

はじめに

コンサルタントとしてさまざまな企業と接点を持ち、現場のマネージャーたちと面談を重ねていると、多くの方がマネジメントについて悩みを抱えていると感じます。

それは、業種や企業規模の大小を問いません。

組織を束ね、目標を課せられ、時々に起きるトラブルを解消しながら、メンバーの育成にまで責任を持つ。

一方では、「働き方改革」など、仕事を取り巻く新しい施策や潮流を踏まえながら、やるべきことはどんどん積み上がっていく。

そんな難しいかじ取りを迫られる姿を見て、「マネージャーになりたくない」という若手社員が増えている、とも聞きます。

「結局のところマネージャーは厳しくあるべきなんですか？　それとも優しくあるべきな

んですか？」

ある時、コンサルティングを担当している企業のマネージャーから、こんな質問をいただきました。

少し考えて、私が伝えたのは次のようなことです。

「ルールには厳しく、コミュニケーションは優しく、が原則です。ルールとコミュニケーションは分けて考えるべきですね」

厳しさというのは、感情的に怒りをぶつけることなどではありません。

相手と合意の取れたルールや基準に関して冷静に評価をすることやフィードバックすることも厳格さです。

それはマネジメントには必須の行動です。

時には、相手の意にそぐわなくても、厳しさをもって接しなければならないこともあるでしょう。

ルールについての相手との合意がないにもかかわらず、自分の考えにそぐわないからといって怒ってしまうと、メンバーの気持ちが離れていきます。

私の回答はマネジメントの大切な原則について触れていて間違いではないと思いますが、厳しさと優しさの葛藤についての回答の一端にすぎません。

みなさんの置かれている状況は、もう少し複雑なのではないでしょうか。

日々の悩みには枚挙に暇がありません。

「何でこんなに忙しいんだ」

「自分のマネジメントは正しいのか」

「何かもっと良い方法はないのか」

これは、マネジメントのスキルをめぐるつぶやきです。

「社内手続きが多すぎる」

「目標が毎年上がっていく」

「何が正しい情報なのか？」

このように会社のマネジメント方針や、諸制度も悩みの種になります。

そして、人の問題、とりわけメンバーマネジメントについては難題だらけです。

「人が足りない」

「若手が育たない」

「パワハラにならないように気をつけないと」

「テレワークで最近コミュニケーションが減っている」

「エンゲージメントを上げなくては」

「離職者が増えるのは自分のせいではない」

「どこまで厳しくすべきか、どこからは寛容であるべきか」

ここで説明するまでもありませんが、多くがプレーイングマネージャーとして、数字をつくることと、人をマネジメントすることの両輪が期待され、どうしても多忙を極めることになります。

コミュニケーションが重視される一方、ハラスメントに対する警戒も迫られる。あるいはメンバーのマネジメントについては、先に挙げたように「厳しさ」と「優しさ」の間で揺れたり、事業の推進と組織のマネジメントの間で翻弄されたり。マネージャーは、まるで振り子のように両極を揺れ、なかなか自分なりの軸を見つけることが難しいものです。

そのようなマネージャーのみなさんに向けて、本書は、適切な軸を示そうと思います。**テーマにするのは、組織をいかにマネジメントするかであり、より端的に言うなら、メンバーマネジメントです。**それが今、多くのマネージャーを悩ませている最大のポイントであると思うからです。

この数年「１ｏｎ１」「心理的安全性」「エンゲージメント」「ウェルビーイング経営」など、メンバーに働きやすい環境を整えることや、メンバーのＷＩＬＬ（＝やりたいこと）を引き出し、仕事へのやりがいを持たせることを前提とした言葉や施策を、多くの企業が取り入れるようになりました。

その流れ自体に異論をはさむつもりはありませんし、メンバーの働く環境や仕事へのやりがいに気を配ることは会社としてもマネージャーとしても大切な役割だと思います。

ただ、一方でそういった言葉や施策が独り歩きすることで職場が混乱していたり、意味を見出せなかったりするようなこともあるようです。

例えばメンバーからは、

「1on1をやっているけれども業務の進捗を確認されているだけで、これまでと何が違うのか?」

「1on1をやってもらっても話すことがない」

「適切なフィードバックを受けられないので成長できていないと思う」

といった声も上がります。

一方、マネージャーからは、

「エンゲージメントスコアが下がるのでメンバーにフィードバックをしにくくなった」

「1on1に時間を取られて業務が回らなくなっている」

「メンバーが自分のやりたくない仕事を明らかに拒絶するようになった」

などという声が聞かれます。


個を尊重し、活かすことの重要さについては、あらためて述べるまでもありません。

ただし、マネージャーとして最も大事なことは組織の目標を達成することです。

この2つは矛盾していたり、トレードオフの関係であるわけではありません。

個を活かすことが、すなわち目標達成に直結すること。

そのように理解してほしいと思いますし、そのために何をすればいいか、が本書一冊をかけて語っていく内容になります。


ここで、なぜ私がマネジメントの本を書こうと思ったかについてご理解いただくために、少しだけ私の経歴をご紹介したいと思います。

私は現在、フィールドマネージメント・ヒューマンリソース（以下ＦＭＨＲ）というコンサルティング会社に所属しています。

ディレクターという経営に近いポジションにいながら、社員ではなく業務委託で働いている、という少し特殊な形態です。

ＦＭＨＲはFIELD MANAGEMENT STRATEGYという戦略系のコンサルティング会社を親会社に持つ、組織人事領域のコンサルティングを行う会社です。事業戦略と人事をつなげる、つまりは事業に求められる組織や人材を定義し制度や教育によって開発を行うことを強みとしているのが特徴です。

また事業の推進に欠かせないリーダー育成にも注力しています。

私の仕事の中でも特に多いのはベンチャー企業の経営者や中堅もしくは大企業の部長、課長との面談を通した育成です。年間で５００回以上の経営者やマネージャーとの面談を行っています。

特にＦＭＨＲの面談でのこだわりは実務支援であること。

つまり一般的に言われるコーチングのように「答えはクライアントにあるので、こちらからはアドバイスはできません」というスタンスではなく、時にはコンサルタントとしてアドバイスも行いながらコーチングも実行するという、マネージャーの家庭教師のような存在であることが特徴です。

私が組織人事領域のコンサルティングを始めたのは2003年。29歳の時です。

ある総合商社から、リンクアンドモチベーションという社員のモチベーションをテーマとした日本のコンサルティングファームに転職をしました。

初めて管理職になったのは30歳の時でしたが、われながら駄目なマネージャーでした。わかりやすく言うと、当時社内で1年に1度行われていたエンゲージメントサーベイはチーム毎にランキングされ、マネージャー陣には順位が開示されていたのですが、50人ほどいるマネージャーの中でワースト3位でした。

しかし、当時の私は自分が悪いとはまったく思っていませんでした。

どちらかというと、そのアンケート結果をつけたメンバーに対する憤りしかありませんでした。その結果、メンバーとの溝は深まるばかりで、それを見かねた上司からマネージャーをおろされることになります。

こんな経緯で1プレイヤーとなった私ですが、そこでマネジメントトレーニングの開発をするプロジェクトに出会います。

エンゲージメントサーベイがワースト3位の人間がつくるマネジメントトレーニングなんて誰が受けたいんだ、などと思いながらも、一方で失敗している自分だからつくれるトレーニングもあるのでは、と思いながら取り組みました。

マネジメントに関する書物を読み漁り、体系化していく。

この経験がおそらくプラスに働いたのだと思います。2年後に、もう一度マネージャーに復活することになりました。

手前みそではありますが次の年のエンゲージメントサーベイの結果はというと全社1位でした。また次の年も1位です。

「こうすればマネジメントは上手くいくのか」という感触と「マネジメントのやりがいや喜び」を手に入れた瞬間でした。

メンバーとの関係の質を大切にし、メンバーがやりがいをもって仕事ができる環境をつくる。そのために**「メンバーとの日常の会話を絶やさない」「メンバーの興味関心を引き出す」「一緒の目線で悩み考える」「自分自身が夢を語り仕事を一番楽しむ」など、学んだことを日常のマネジメントに取り入れた結果**だったと思います。

そのスタイルは昨今さまざまなところで推奨されているサーバントなマネージャー（牽引するのではなくメンバーを支え、奉仕するマネージャー）であり、時にビジョンを持ったマネージャーでもあったと思います。

「こうすればいいんだ」というマネジメントに対する手ごたえもありましたが、2つの疑念が生まれました。

「エンゲージメントが上がったことは、業績や社員の成長に本当につながっているのか？」

「メンバーが優秀だったから、このスタイルのマネジメントが成り立っていたのではないか？」

つまりエンゲージメントが上がったのはメンバーが優秀だったからであり、それが業績や成長にダイレクトにつながっている感覚が完全には持ち切れなかった、というのが正直なところです。

メンバーは活き活きと働いているし、「こんなビジネスをやってみたい」という提案も出てくるし、会議での発言もみんな活発で、成果も出ている。何よりみんなが自立的に動いてくれている。

しかし何か物足りなさを感じていました。

「もう少しダイレクトに業績、成長に直結するマネジメントはないのだろうか」

「優秀ではないメンバーを成長させながら業績にもつなげられるマネジメントとは何だろうか」

この疑問が、後にリンクアンドモチベーションとは違う角度から組織人事のコンサルティングをしているFMHRに入ることにつながります。

事業が先か、組織が先かという議論は昔からいろいろなところでなされてきましたが、リンクアンドモチベーションは組織が事業を創るという思想が強い会社です。社名にモチベーションとついている位なので多少乱暴な解釈をすると**「組織や人が自立し成長すれば後から事業はついてくるでしょ」**という思想です。

一方、FMHRは事業に適した人をどう育てていくか、という思想です。

2つの思想は真逆なのか、それとも相いれるものがあるのか。そんな好奇心を持ってF

ＭＨＲの門をたたきました。

それから7年、多くの優秀なマネージャーに出会いながら自分の中で教訓を積み上げてきました。初めてマネージャーになってから20年経って、ようやくマネジメントとは何かについて整理がついてきた気がします。

例えば第1章でご紹介しますが、マネジメントにはタイプがあること。

過去の私は古いマネジメント・タイプと新しいマネジメント・タイプがあるように捉えていましたが、どうやらそうではないらしいことに気がつきました。

また第2章でご紹介しますが**「いかにしてメンバーを自立に導くか」**についても、画一的にメンバーのＷＩＬＬを引き出すことが自立への唯一解のように捉えていましたが、それについても考えが変わりました。

わかりやすい正解があり、成功体験を持つリーダーがチームを力強く牽引することで成果を上げられる時代はとうに去りました。そこでは、新しいマネジメントの方法が求められており、それが本書で述べる「伴走するマネジメント」ということになります。

手短に言うなら、それは「厳しさ」と「優しさ」を含みこみ、目標達成に向かってリーダーとメンバーが足並みを揃えることができる、マネジメントの方法です。

ここで、本書の概要について紹介しておきます。

第1章　「個の尊重」時代に深まるマネージャーの苦悩
第2章　「伴走するマネジメント」とは何か
第3章　伴走するマネジメントの実践（1）
　　　守破離の「守」「破」… 期初編
第4章　伴走するマネジメントの実践（2）
　　　守破離の「守」「破」… 期中編
第5章　伴走するマネジメントの実践（3）
　　　守破離の「離」

まず第1章では、時代の変化の中でマネージャーが置かれた状況の困難さを概観します。マネジメントのタイプを4つに分類し、簡単な紙上テストで自分がどのタイプなのかを知っていただき、4タイプの特徴やメリットとデメリット、さらには**厳しさと優しさのバランスの取り方**についても解説します。

第2章では、本書のタイトルでもある「伴走するマネジメント」の考え方について解説します。昨今は忌み嫌われがちですが事業推進には欠かせない指示管理の重要性を説き、**メンバーの自立を促す方法論**をオリジナルのフレームワークを使いながらご理解いただきます。

第3章からは、伴走するマネジメントの実践編です。第2章の考え方を活かした具体的なマネジメント手法の進化を守破離のステップでわかりやすく解説していきます。ちなみに守破離とは、剣道や茶道などで修業における3つの段階を示したものです。

まず第3章では、期初に実施するマネジメントについてお伝えします。マネージャーとメンバーで視界を共有するために欠かせない**「精緻な地図（部門方針）の描き方」**を解説します。

第4章は、期中編として期初に描いた地図（部門方針）をもとに**メンバーを巻き込みな**

がら持続的に課題解決を行う手法をご紹介します。

第5章は第3章、4章の手法を経てメンバーの自立が促された上で、さらなるマネジメントの進化に必要な考え方や手法を解説します。

それでは前置きはこのくらいにして、いよいよ本編に入ることにしましょう。

伴走するマネジメント【目次】

はじめに……002

第1章 「個の尊重」時代に深まるマネージャーの苦悩 023

■以前とは比べ物にならないほど難度を増すマネージャーの仕事……024
■自分のマネジメント・タイプを知ろう……028
■マネジメントの４タイプを理解する……033
■あなたは自分のタイプをそのまま活かせばいいのか……043

■個の尊重を迫られる時代に最適なマネジメントとは……049
■厳しいマネジメントと優しいマネジメント……071
■「ゆるい職場」にならないためには……087

第2章 「伴走するマネジメント」とは何か 091

■指示管理型の本質を活かす「伴走するマネジメント」……092
■伴走は視界共有から始まる……096
■メンバーの視界はマネージャーより低く狭い……100
■「専門性の自立」「思考の自立」「行動の自立」……105
■視界を共有するフレームワークReflects……111
■Reflectsを実際に使ってみる……134

■チームにReflectsを定着させる……136

第3章 伴走するマネジメントの実践(1)
守破離の「守」「破」…期初編

145

■戦略立案と目標設定、課題解決を重視する……146
■なぜ指示管理型を軸とするのか……154
■伴走するマネジメントの守破離……157
■守 チーム目標攻略の地図を描く……160
■破 弱点を克服する……195
1 目的を魅力的に語る(ビジョン型の考え方を取り入れる)……201
2 地図づくりにメンバーを巻き込む(奉仕型の考え方を取り入れる)……211

3 率先垂範する領域を決める（職人型の考え方を取り入れる）……216

第4章 伴走するマネジメントの実践（2）

守破離の「守」「破」… 期中編

227

■守　チームの課題解決を高速回転させる……228
■小さな成功体験で達成感を共有する……232
■破　指示管理型以外の3タイプの考え方を取り入れる……244
1 課題解決に規範を取り入れる（ビジョン型の考え方を取り入れる）……245
2 個別課題を解決する（奉仕型の考え方を取り入れる）……255
3 ナレッジとアイデアをシェアする（職人型の考え方を取り入れる）……265

第5章 伴走するマネジメントの実践（3）
守破離の「離」

273

■離　ビジョン型の施策を実行する…… 274
■離　奉仕型の施策を実行する…… 292
■相互理解はビジネスで必要か…… 316
■離　職人型の施策を実行する…… 319
■業務改善か能力向上か…… 324

おわりに…… 332

第1章

「個の尊重」時代に深まるマネージャーの苦悩

マネージャーのマネジメントに対する意識は今「厳しさ」と「優しさ」の間で揺れ、多くの方が迷いの中にいるように感じられます。背景にはビジネス環境の大きな変化があるでしょう。成功体験はあっという間に陳腐化し、かつての勝ちパターンは賞味期限がごく短くなっています。基本姿勢にしても、昭和の時代のような「俺についてこい」は通用しにくくなりました。自信を持って「こっちに進め！」と正解を示すことができないからです。個を尊重することも重視されるようになり、マネージャーの苦悩はさらに深まっています。では、どうすればいいのか。まず、マネジメントの全体像を把握し、ビジネスの現状、職場の状況にアジャストする方法を検討しましょう。

■以前とは比べ物にならないほど難度を増すマネージャーの仕事

チームの責任者としてメンバーを抱え、日々、目標達成に向かって進んでいくマネージャーのみなさんが抱える課題には、様々なものがあると思います。

例えば、業種を問わず、成果が挙げにくいビジネス環境の中で、期末に向けて進捗がはかばかしくない、という課題もあるでしょう。

この課題に対しては、自分一人が身を粉にすればいいということではなく、メンバーのモチベーションを上げて業務を進めなければなりません。

その過程でおそらく経営層からは、メンバー個々の成長を支援することも求められているはず。現在はコロナ禍の影響でリモート勤務のウェイトも上がり、ただでさえ難しいメンバーマネジメントは、まずコミュニケーションの機会を確保することから始めなければなりません。

そのメンバーマネジメントにおいては、ここ数年で広がってきた「働き方改革」の動きを前提として、過剰労働にならないように配慮する必要もあります。

これもまた社会の要請を受けて多様性が増している職場では、正社員だけでなく契約社員や業務委託などのスタッフも混在します。

時短勤務の社員も、介護休暇を取得する社員もいて、業務のアサインも相当、複雑になっているケースもあるでしょう。

ひとことで言えば、マネージャーの仕事は、以前とは比べ物にならないほど難度を増しています。すべての難題はミドル・マネジメントであるマネージャーの双肩にのしかかっている、と言っても過言ではないでしょう。


少し状況を絞って言うと、プレーイング・マネージャーとして数値責任を負いながら、メンバーとコミュニケーションを図りつつ成長を支援するという、その両立に苦心している方が多いのではないでしょうか。

私は日頃、コンサルタントの立場で、多くの企業のマネージャーと面談をしていますが、この二つを課題として挙げる方が非常に多いのです。


この二つ、実は切り離すことのできない役割です。

つまり、メンバーが成長することによって、チームの業績が上がり、目標達成に近づく、という関係にあるからです。**ですから、「数値目標を達成するためには、部下指導などやっていられない」という不満は（よく聞かれる声ではありますが）、的を射ていない、ということになります。**

そこで必要なのはプレイヤーとしての仕事のウェイトを下げて、マネジメントにより多くのパワーを割くこと。つまり、これまでの意識を変えて、行動を変えることが求められます。

このようにさらっと説明すると、おそらく「そんなこと、言うほど簡単じゃないよ」と思われるはずです。「結果を出すためにはプレイヤーとしての仕事を続けざるを得ない」と不満を感じる人もいるかもしれません。

気持ちはわかります。

目標達成のプレッシャーがあるからこそ、自分でやらざるを得ない、と考えるのが自然なのかもしれません。

しかし、あえて言います。

プレーイング・マネージャーとしての責務は、チームとして業績を上げて目標達成をし続けることであって、あなた自身がプレイヤーとして短期的に数字をつくることではありません。

本書が提唱する「伴走するマネジメント」は、チームとして業績を上げて目標達成するための手法です。

ここから、その考え方とやり方を丁寧に説明していくことにしましょう。

■自分のマネジメント・タイプを知ろう

本書のテーマである「伴走するマネジメント」について理解していただく前提として、本章ではマネジメントのタイプについて解説していきますが、その前に、まず簡単なアンケートに答えてみてください。その目的は、あなた自身のマネジメントの傾向を自己認識していただくことにあります。

あなたは、自分のマネジメント・タイプについて語れますか?

番号	設問	あてはまる 10 ←→ 1 あてはまらない	合計
1	期初に方針やチームの目標をメンバーに共有することを重視している	10・9・8・7・6・5・4・3・2・1	A
2	配置や役割分担を重視している	10・9・8・7・6・5・4・3・2・1	
3	適切に指示を出し、メンバーの理解を促すことを重視している	10・9・8・7・6・5・4・3・2・1	
4	期中に定量的に進捗を管理し、問題を解決することが大切だ	10・9・8・7・6・5・4・3・2・1	
5	上位方針に基づいたチームの業績や課題を達成することが何より大切だ	10・9・8・7・6・5・4・3・2・1	
6	マネージャー自らが率先垂範することを重視している	10・9・8・7・6・5・4・3・2・1	B
7	メンバーに難しい仕事の経験を積ませることを重視している	10・9・8・7・6・5・4・3・2・1	
8	ナレッジ（経験や知識）をチーム内で共有することを重視している	10・9・8・7・6・5・4・3・2・1	
9	メンバー一人ひとりが専門性を持つことが大切だ	10・9・8・7・6・5・4・3・2・1	
10	メンバー一人ひとりがこだわりを持ち高いレベルで仕事をすることが何より大切だ	10・9・8・7・6・5・4・3・2・1	
11	事業の社会的意義を重視している	10・9・8・7・6・5・4・3・2・1	C
12	チーム内で哲学や考え方を共有することを重視している	10・9・8・7・6・5・4・3・2・1	
13	チーム内でビジネスパーソンとしての心構え、行動の規範が浸透していることを重視している	10・9・8・7・6・5・4・3・2・1	
14	チームや仕事のあり方をメンバーが共有し実践していることが大切だ	10・9・8・7・6・5・4・3・2・1	
15	チームとしての一体感が何よりも大切だ	10・9・8・7・6・5・4・3・2・1	
16	メンバーの感情に配慮することを重視している	10・9・8・7・6・5・4・3・2・1	D
17	メンバーの話を聞く時間を多く取るようにしている	10・9・8・7・6・5・4・3・2・1	
18	チーム内での情報の透明性を重視している	10・9・8・7・6・5・4・3・2・1	
19	チーム内では一人ひとりのメンバーの考え方を尊重し合えることが大切だ	10・9・8・7・6・5・4・3・2・1	
20	チームの多様性が何より大切だ	10・9・8・7・6・5・4・3・2・1	

日頃、どのようなことを重視してマネジメントをしていますか？

マネージャーとの面談の中で「あなたのマネジメントの特徴を教えてください」と聞いても、明確に答えられる方は多くありません。

このアンケートは、それを知るために行うもので、私自身が実際にマネージャーの育成を支援する際に使用しているものです。

最初の面談で、このアンケートについてマネージャーの方に回答していただき、その結果をもとにヒアリングをして育成のプロジェクトがスタートします。

アンケートの方法ですが、29ページの図に示した20の設問のそれぞれについて、10段階で点数をつけて下さい。

「あてはまる」と思えば10寄りの数字を、「あてはまらない」と思えば1寄りの数字をつけます。

この点数には、厳格な基準はありません。

直感でかまいません。

例えば、「どちらとも言えないけれどあてはまるかもしれない」と思ったら6とする、というようなイメージです。

マネジメントの4つのタイプ

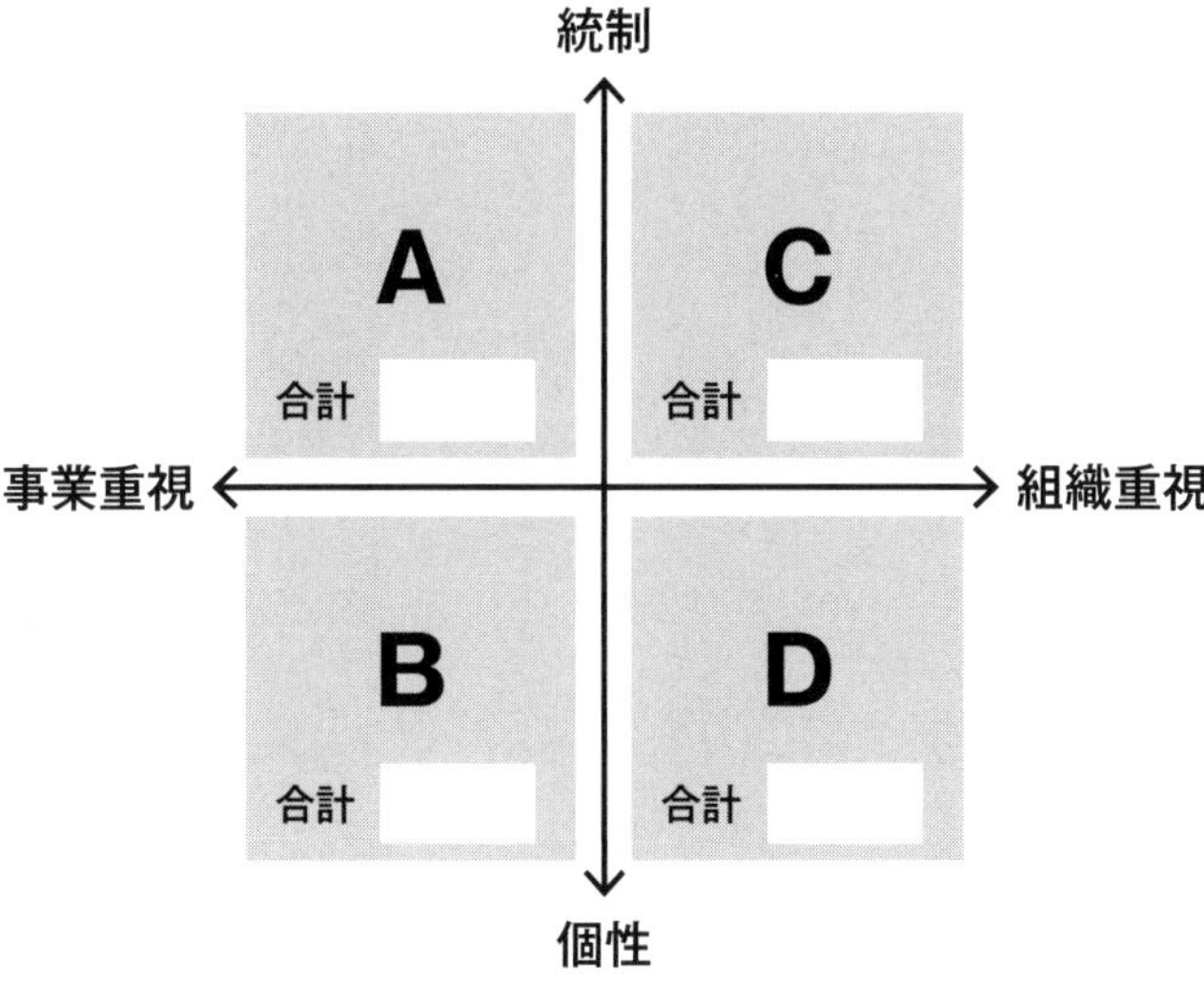

すべての設問に回答したら設問1〜5、設問6〜10というように五つ毎に設問が区切られていますので、右端のAからDのそれぞれに5問の点数を合計して（例えば設問1〜5を足した点数）記入してください。

そして、上図にある四つの空欄に合計点数を転記してください。それによってあなたが現在、どのようなマネジメントを優先しているかがわかります。

この図は、マネジメントのタイプを二つの軸で四つに分類したものです。

横軸は「事業重視」か「組織重視」か。

事業重視とは会社の業績や仕事への興味関心がチームや人への関心よりも高いことを意味しており、組織重視はチームワークや人への興味関心が比較的高いことを意味しています。

一方、縦軸は「統制」か「個性」か。

統制とは会社やチームとして守るべきルールや規範を重視すること。個性とは個々人の仕事のやり方や、ときに生き方までも尊重することです。

この二軸によって規定される四象限のうち点数が高いものがあなたのマネジメントの特徴であり、傾向であることを示しています。

これは「どれがいい」「どれが悪い」というものではありません。

あくまで、あなたの特徴と傾向を示すものです。

各10段階スコアは主観でつけているので他の人と比べることにあまり意味はありませんが、自分の中でどのマネジメント・タイプを重視しているかの傾向はつかめると思います。

さて、結果はどうだったでしょうか。

■マネジメントの4タイプを理解する

AからDまでは、それぞれどのようなタイプなのか。ここでは以下のように名付け、定義します。

A　指示管理型＝事業重視×統制（事業の統制を重視）
B　職人型＝事業重視×個性（仕事のやり方を重視）
C　ビジョン型＝組織重視×統制（組織の統制を重視）
D　奉仕型＝組織重視×個性（メンバーの個性を重視）

「自分はこのタイプに偏っているな」「自分は複数のタイプにまたがっているな」「どのタイプの点数も低いな」など、まずは自分の特徴を認識してみましょう。

次に、それぞれのタイプについて詳しく解説します。

A　指示管理型　～会社の業績達成にこだわるマネージャー

特徴

・チーム、個人の目標設定、日常の指示や管理を重視するタイプ
・期初にチームの方針や課題、計画を共有し、期中に進捗確認を行う。目標達成、成果創出に向けて新たな課題があれば課題解決を行う

マネージャーのこだわり

・チームの目標達成、業績貢献が重要
・戦略、戦術を練り、目標を共有し、振り返りを行えば必ず成果につながる

関連するキーワード

「方針」「目標設定」「業績評価」「課題解決」「ＰＤＣＡ」「トップダウン・上意下達」「マイクロ・マネジメント」「統制」「飴と鞭」

このタイプのメリット

・上位方針やチームの目標と個々人の役割、仕事を紐づけることでメンバーの方針、目標への理解が高まりメンバーの意識を業績に向けやすい
・進捗の管理、新たな課題への対応がしやすい

マネジメントの4つのタイプ

企業のマネジメントは上位の方針を本部、部、課、個人と細分化していき、期初に目標設定をして、期中に進捗確認を行い、期末に評価をする、という流れで遂行されます。

この指示管理型のマネジメントは、個々人のやるべきタスクがある程度決まっている業務に多く見られ、計画通りに進んでいるかどうかを上司がチェックするというイメージが強いタイプです。

このタイプのマネージャーは、期中、期末のフィードバックによってメンバー育成を行います。ある意味、オーソドックスなスタイルでもあり、かつての日本企業はほとんどがこのタイプを基本としていたはずです。

指示管理型には、ややもすると「上意下達」「マイクロ・マネジメント」というようなネガティブなイメージが先行しがちです。

ただ、このタイプの本質は、**上位方針をマネージャーが理解し、自分の言葉で目標達成までの道のりをメンバーにわかりやすく伝え、目標達成に導くことにあります。**

ゴールがある程度明確でデジタルにタスクを細分化しやすいシステム構築などのプロジェクトでは、自然とこのタイプのマネジメントになりやすい傾向があります。

このタイプを推すメンバーの声

「期初にパワーポイント1枚程度、ひどい場合だと口頭でさらっと方針を話して、後はよろしく、みたいな上司もいましたが、それだと何のためのチームなのかがよくわかりません。私はマネージャーには会社の方針や事業部の方針をチーム方針に落とし込んで、きちんと自分の言葉で具体的に説明してもらいたいです」

B　職人型　～仕事のやり方にこだわりを持つマネージャー

特徴

・マネージャー自ら率先垂範し、成果を出すことを重視するタイプ
・仕事の品質や、やり方へのこだわりが強く、自ら結果を出すことでチームを牽引し、その知識、技術をチームに浸透させようとする

マネージャーのこだわり

・高い専門性と高い品質が重要
・一人ひとりが目の前の仕事にこだわりを持てば、成果は自ずとついてくる

関連するキーワード

「率先垂範」「仕事へのこだわり」「専門性」「プロフェッショナル」「スペシャリスト」「スーパーマン」「背中で語る」「伝承」「標準化」

このタイプのメリット

・マネージャーやメンバーの意識が目の前の仕事に向き、短期的な成果につながりやすい
・チーム全体の専門性、技能向上への意識が高まる

プレイヤーの延長でマネジメントをしている代表格がこの職人型です。マネージャー自身がプレイヤーとして優秀で、強い責任感を持って率先垂範しながら成果に貢献します。

そのため仕事へのこだわりが強いです。

職人型には、ややもすると「マネージャーとしての視座が低い」というイメージがつきがちです。

ただ、このタイプの本質は、自らが率先垂範し結果を示すことで一人ひとりがプロフェッショナルであることの重要性を示すことに加えて、ノウハウの共有や業務の標準化によってメンバーの業務遂行能力を底上げすることにあります。

このタイプを推すメンバーの声

「私はマネージャーにはメンバーにあれこれ注文をつける前に自らハードワークしてもらい結果で示して欲しいと思っています。そうでないとこの人についていきたいと思えません。偉そうなことを言う割には自分では手を動かさない、何をやっているのかよくわからないというのはマネージャーとして信用できません」

C　ビジョン型　～人やチームのあり方を大切にするマネージャー

特徴

・事業の目的や意義、行動のあり方や考え方の浸透を重視するタイプ
・日々、メンバーとコミュニケーションをとり、事業やチームのあり方、哲学や行動の規範をメンバーに発信する

マネージャーのこだわり

・メンバーの成長と一体感醸成が重要
・目的、考え方が高いレベルでそろってこそチームワークが生まれ、成果は最大化する

関連するキーワード

「ミッション・ビジョン・バリュー」「理念」「パーパス」「フィロソフィ」「クレド」「DNA」「行動規範」「チームワーク」「家族経営」

このタイプのメリット

・目的や意義、哲学が浸透することでメンバーの本質的なビジネス、仕事、組織に対する理解が深まり言動が変わる
・チームのコミュニケーションが円滑になり一体感が醸成される

自身の哲学を持ち、事業、組織問わず目的や意義、その背景などＷＨＹで考える、考えさせることにこだわるのがこのビジョン型です。

マネージャーが自分の考えを頻繁に発信しチーム内で共有することでチーム内の考え方、意識、行動がそろい、一体感が醸成されます。

それとともにメンバー一人ひとりがやりがいを持って働くことで、仕事の質が向上します。チーム単位で掲げているところは少ないですが会社としてミッション、ビジョン、バリューを言葉として掲げホームページなどに載せるのもビジョン型の組織を志向していることを表しています。

ビジョン型には、ややもすると「ビジョンを言葉にしただけでは、どこまで目の前の成果に良い影響があるのかわからない」というイメージがつきがちです。

ただ、このタイプの本質は、ビジョンに限らず考え方や行動の指針を具体的に根気強く語り続け、チーム内のコンテクスト（目的、行間、文脈）を合わせることにあります。

このタイプを推すメンバーの声

「数値目標をただ追わせたり、目の前の仕事を『とにかくやれ!』というだけではなく、自分達の事業は何のためにやっているのか、どこに向かっているのかの具体的なイメージがないと、やりがいを持って働けないのではないでしょうか。私はマネージャーにしっかりとした哲学やビジョンを持っていて欲しいです」

D　奉仕型　～働く一人ひとりの考えを尊重するマネージャー

特徴

・多様なメンバーの意思と、関係性を重視するタイプ
・メンバーとのオープンなコミュニケーションによって関係をつくることに加えて、メンバーのキャリア形成の支援を行う

マネージャーのこだわり

・メンバーとの信頼関係、多様なメンバーの意思の尊重が重要
・個性を尊重することが自立を促し、成果につながる

関連するキーワード

「多様性」「ダイバーシティ&インクルージョン」「情報の透明性」「開放性」「尊重」「心理的安全性」「自由」「人間関係」「キャリアマネジメント」「甘え」

このタイプのメリット

・個々人の意思を尊重することでメンバーの自律的な成長や挑戦につながる
・多様性、組織の開放性から様々な視点でのアイデアにつながりやすい

支援型、サーバント型などと呼ばれるタイプです。

サーバントとは「使用人」「召使い」と訳され、主人公はメンバーでマネージャーは脇役という考え方です。

「マネージャーはメンバーより職位が上だから偉いんだ」といったパワハラを生みだしやすそうな発言とは真逆のタイプです。芸能人のマネージャーや、ゴルフのキャディさんなどをイメージするとわかりやすいかもしれません。

１９９０年代後半に日本に入ってきたビジネスコーチングやここ最近では１ｏｎ１や心理的安全性というキーワードとも相性の良いタイプです。

奉仕型には、ややもすると「優しいだけでマネージャー自身には答えがない」「曖昧で意思決定してくれない」というイメージがつくこともあります。

ただ、このタイプの本質は、メンバー個々人の考えに耳を傾け、承認することでメンバー

の強みや意思を最大限に引き出すことにあります。

このタイプを推すメンバーの声

「私はマネージャーから細かく管理されたくないですし、理不尽で感情的なフィードバックも受けたくありません。個として尊重して欲しいですし、時にキャリアの支援など中長期的な視点でも相談にのって欲しいと思っています」

■あなたは自分のタイプをそのまま活かせばいいのか

この4つのタイプでいうと、指示管理型は「厳しいマネジメント」であり、奉仕型は「優しいマネジメント」と呼ぶことができるかもしれません。

次ページに図示したように**トップダウン重視かボトムアップ重視か**という対比も可能ですし、**統制的か自律的か**という言い方もできるでしょう。

昨今では、どちらかというと「優しいマネジメント」に支持が集まっているような産業界の空気があります。

マネジメントの4つのタイプ

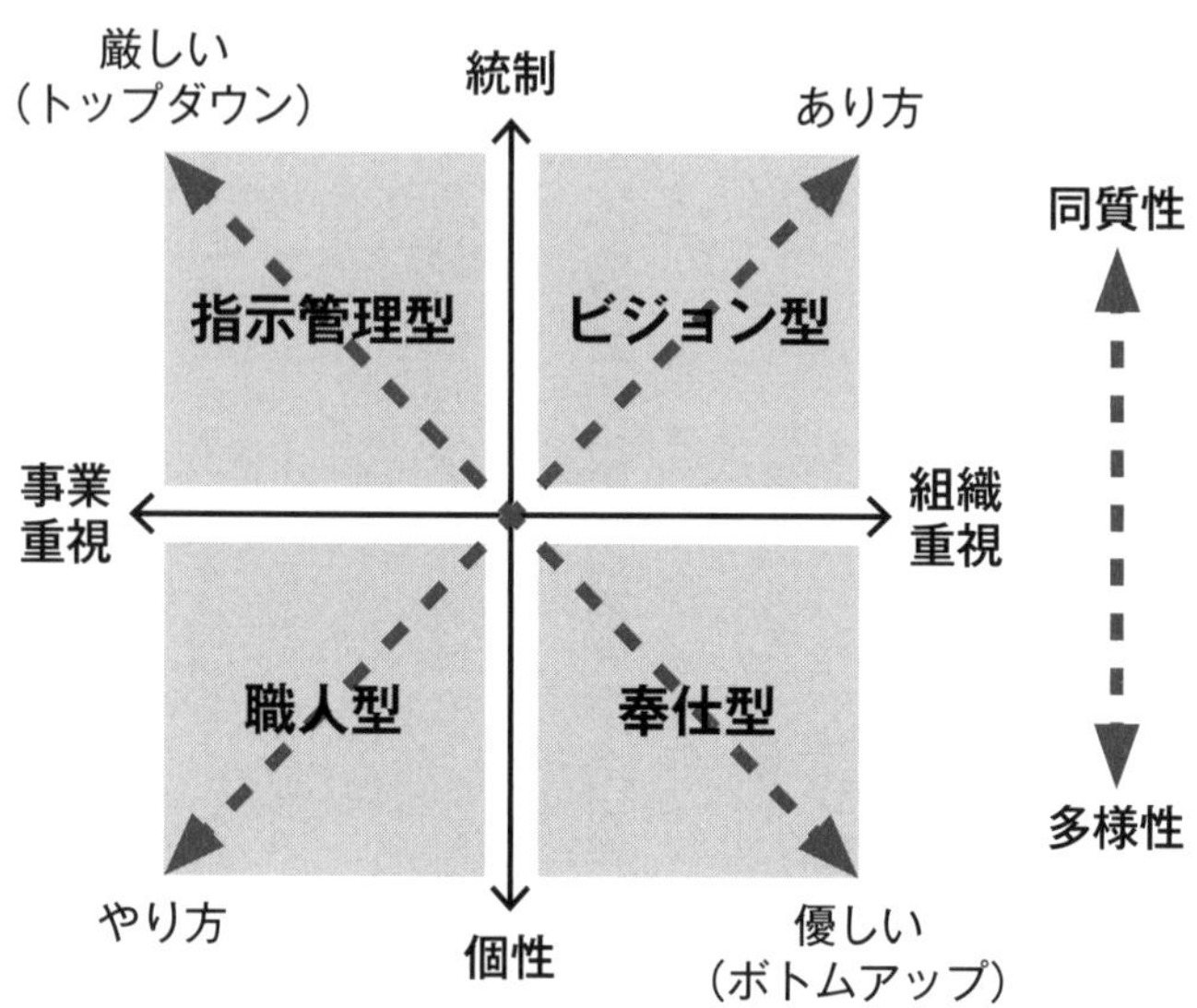

それは後で述べるように個が尊重され、頭ごなしに指示命令をしても自主性は育たない、という考え方が広がっているからです。

ただ、一方では「厳しいマネジメント」にも根強い人気があります。業種によって、その方が適している、というケースもありそうです。

なぜ指示管理型が「厳しい」と称されるかというと、高い視座での理想や基準が会社やマネージャーの中にあるからです。

自由な解釈を許さない確固たる基準があるので、その基準に達していない場合には厳しく対応を迫ることになります。社員は、そのギャップを埋めることを求められるので、このマネジメントを**「ギャップ・アプローチ」**とも呼びます。

一方、奉仕型は最低限の基準はマネージャーの中にもありますが、基本的には基準を相手に求めます。

自由に振る舞う余地があることから「優しい」と思われます。

社員は「ありたい姿を追う」ことを求められるので、**「ポジティブ・アプローチ」**と呼ぶことがあります。

残るビジョン型と職人型は、どちらも仕事へのこだわりが強いのですが、何にこだわりがあるかで分けて考えると理解しやすいかもしれません。

職人型はあくまで「仕事のやり方」にこだわりを持つのに対して、ビジョン型は「チームや人のあり方」にこだわりを持つという傾向があります。

例えばあるメンバーが成長しきれていない時に、職人型のマネージャーは自分の経験をもとに「仕事のテクニック」を伝授しようとしますが、ビジョン型は「仕事に対する向き合い方や考え方」について説こうとします。

仕事のテクニックを教えてしまった方が短期的には成果が出るかもしれませんが、仕事に対する向き合い方や考え方が変わった方が普遍的ですし、仕事の再現性があります。

また別の観点で見ると、ビジョン型と奉仕型はともに「家族経営」と呼ばれることがあります。

ビジョン型は「これだけ長い時間、家族のようにコミュニケーションを取っていたら考え方や価値観がそろうよね」という意味での家族経営。

一方の奉仕型は自由度が高いためにアットホームである、という意味での家族経営。

どちらも組織・人重視という意味で家族経営と言われますが、実は中身はまったく違います。

ビジョン型は多様性を重んじない訳ではありませんが、「大事なところは必ず守ってね」というルールや規範が結構しっかりあります。

その意味では「厳しさ」を持ったマネジメントでもあります。

一般的には、指示管理型が厳しいマネジメントの代表格で、奉仕型が優しいマネジメントの代表格のように言われますが、指示管理型は目標という基準に対しては厳しいですが、ビジョン型は考え方に対して厳しさがあるので、ビジョン型の方が厳しいと感じる人もいます。

ここまでの解説で、それぞれのマネジメント・タイプの特徴は、ご理解いただけたかと思います。また、アンケートを通して、あなた自身のマネジメントの傾向も把握することができたでしょう。四つのいずれかに偏っておらず、複数のタイプにまたがっている人もいると思います。

ではあなたは点数の高かったタイプのマネジメントについてより深く学び、実践すればいいのでしょうか。

繰り返しになりますが、これら四つのタイプには「どれが良い・悪い」という価値評価はありません。

考えていただきたいのは、「どれがあなたのチームにフィットするか」ということです。

マネージャーのタイプがメンバーの期待するマネジメント像とずれていることで、両者にストレスがかかっているというのはよくあることです。

あなた自身のタイプがどうであれ、今のマネジメントがチームにフィットしていない、例えば業績が上がらない、メンバーがあまり元気に見えない、というようなことがあるのであれば、あなたが自然に行っているマネジメントを見直す必要があるかもしれません。

言い換えれば、タイプを選び直す方がいいのかもしれません。

本書を通して提唱したいのは、4つのタイプのいいとこ取りをしよう、ということですし、状況に応じてタイプを使い分けよう、ということでもあります。

その時に、比較的汎用的で、応用が効きやすいのが「伴走するマネジメント」である、ということですが、それがいかなる特徴を持つものかについては、もう少し先で説明することにします。

ここでは次に、あなたが自然に行っているマネジメントを見直す上で欠かせない、今起こっている変化について、見ておきましょう。

■個の尊重を迫られる時代に最適なマネジメントとは

企業経営は、つねに時代の変化、市場環境の変化に対応しながら遂行されるものです。攻めの時代もあれば、守りを固める時代もある。

ストーリーが変わる、と言ってもいいでしょう。

その時々のストーリーに沿って、マネージャーが会社から期待されることも、少しずつ変わります。

今、企業経営が直面している変化は、かつてないほど激しく、かつ複雑な様相がありますが、これについて少し時代を遡りながら説明しましょう。

この間は、実に様々なレベルでの変化が、企業経営に生じています。

バブル経済の崩壊の後、日本は「失われた30年」と呼ばれる景気低迷期に入り、それは今もなお続いています。

そのようなマクロの状況に加えて、1995年からはインターネットの普及と、それを土台にした情報環境の革新が起こり、IT産業が勃興するとともに、職場におけるコミュニケーションのあり方が大きく変わりました。

メールやSNSがなかった時代のことを、もはや思い出すのは難しいでしょう。

この間に、台湾、韓国、さらには中国と、かつては日本を追っていた国々の経済力が向上し、日本をキャッチアップするだけではなく、産業によっては日本を抜き去る成長を示しました。

国際競争の激化です。

これらが第1の変化でしょう。

時代が下って、2015年ごろから「働き方改革」の流れがさらに職場のありようと、働き方の質を変えるようになりました。その流れの中で**多様性**を受け入れ、それを積極的に評価するというように企業の姿勢が変わりました。

これが第2の変化と言えるでしょう。

こうした変化を受けて、働くことをめぐる世の中の意識が「個のキャリア重視」に向いてきています。

このことは、かつての日本企業の特質であり強みでもあった「終身雇用」「年功序列」の揺らぎとセットになって、その傾向を強めてきました。

典型的なあらわれの一つが、「ジョブ型」と呼ばれる雇用の仕組みです。

白紙の状態の学生を採用して、社内でいくつかの職種を経験させながら徐々に専門性を身につけさせる。これが伝統的なキャリア形成のあり方でしたが、そうではなく、**最初からある専門性を持った人材を雇用する。**職種別採用の極端な例がジョブ型と呼ばれる雇用のあり方です。

それは今のところはまだ過渡期であり、試行の段階かもしれません。

ただ、考え方としては根付いていくように思われます。

つまり、**長期的視野に立って人を一から育てていく余裕を、多くの日本企業が失っている**

ということです。

そのことが、個のキャリア重視に直結しています。

ジョブ型の導入は企業側の動きですが、一方の働く側にとっても仕事に求められるスキルを学び直す「リスキリング」に代表されるように、会社に与えられた仕事をまっとうするということから、仕事を自分から取りに行く、という姿勢に変わり始めています。

この企業側、働く側の双方の変化は、組織と個人の関わりが大きく変わり始めたことを意味しています。

このような状況も踏まえて、**マネジメントは企業の、あるいは事業部門の成長に応じて、ありようを変える必要がある、**ということを指摘しておく必要があるでしょう。

事業の成長をシンプルに描くと左の図のようになります。

あなたの会社、もしくは事業部門を想定してみてください。その事業が立ち上がったばかりのフェーズなのか（草創期）、事業として黒字になり顧客を拡大していくフェーズなのか（成長期）、それともこれからサービスの改革や事業の転換を考えなくてはいけないフェー

3つの事業フェーズとマネジメント・タイプ

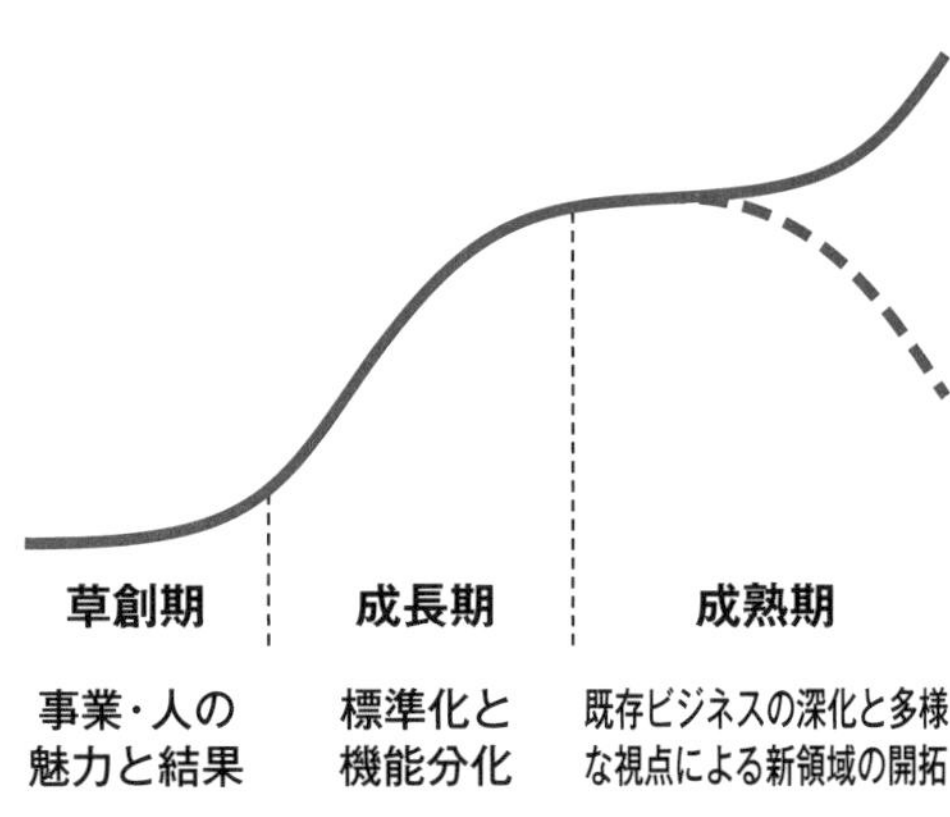

	草創期	成長期	成熟期
求められること	事業・人の魅力と結果	標準化と機能分化	既存ビジネスの深化と多様な視点による新領域の開拓
マネジメントタイプ	ビジョン型と職人型	職人型と指示管理型	指示管理型と奉仕型

ズなのか（成熟期）によって取るべきマネジメントは違ってきます。

もちろん各フェーズは明確に区切れるものではありません。

また、ベンチャー企業なのか、大企業の事業部門なのか、優秀な人材の集まりなのかそうではないのかによっても状況は異なります。

ただ多くの企業を見ていると似たような特徴が見て取れます。

草創期は、事業の立ち上げフェーズで人材を社内外からかき集め、**ビジネスを軌道に乗せることを最優先に奮闘する**

フェーズです。

事業や人の魅力を訴求することで優秀な人材を獲得することや、マネージャーが率先垂範し結果を出すことが何より求められるため、このフェーズにマッチするマネジメント・タイプはビジョン型と職人型です。

成長期は、サービスが市場で認知され始め、顧客を拡大していくフェーズです。

ここではサービスや業務プロセスの標準化を行うとともに、人員も増加する中で役割分担を行い、**効率的に組織を運営していく**必要があります。

草創期に率先垂範していた職人型のマネージャーがその知見を周囲に展開し、業務を標準化するとともに多くの人員が個々の役割をまっとうしながら事業を推進する必要があるため、職人型と指示管理型がマッチします。

これは一企業のフェーズでもそうですが、かつての高度経済成長期を考えればわかりやすいでしょう。

戦後からの復興で、衣・食・住のそれぞれに不足感があった時代、あらゆるモノがつくれば作っただけ売れました。現在のように、モノを売るためにマーケティング戦略を研ぎ澄ますなどという必要はありません。

となるとマネジメントは単純です。どんどんつくって、どんどん売る。極限までの指示管理で、生産性を極大化する、というマネジメントです。現場はさぞかし疲弊したことでしょうが、賃金の著しい上昇が、疲れも不満も吹き消しました。

成熟期になると市場拡大の勢いが終わりを告げます。

既存サービスの深化を行うと同時に、新領域の開拓を志向しなければならないフェーズです。

ここでは既存サービスと新規サービスの両方を睨みながらマネジメントすることが求められます。

既存サービスの深化という意味では、指示管理の中でもPDCAサイクルのC（チェック）、A（アクション）にあたる改善や改革に向けた課題解決を重視したマネジメントが求められます。

一方で新サービスの足かせになりうる既存サービスの成功体験から脱却するために、新鮮で多様な価値観や意見が求められます。

そういう意味では指示管理型に加えて奉仕型のマネジメントも重要になるでしょう。


このように各フェーズで求められるマネジメントのタイプは、成長のフェーズを経る中で変化することに加えて、一つのフェーズで異なる思想のタイプが求められることがマネジメントの難易度を上げています。


言い方を変えるとマネージャーは、いかなる時にも自分の得意なマネジメントを貫くのではなく、社会の変化や事業環境の変化に適応するために、いろいろなタイプのマネジメントを使い分ける必要がある、ということになるでしょう。

ただ、そのようなマネジメントの実践には、様々な困難や障害が起こり得ます。

一つひとつのマネジメント行動が中途半端になったり、過去の成功体験に引きずられてしまったり、ということも起こりがちです。

そこで次に、顕在化しやすい四つのマネジメント・タイプのマイナス面にも触れておきましょう。

指示管理型の問題点

上意下達はマネージャーの意図や指示をメンバーに伝えることを指しているので、それ自体は悪いことではありません。

ただし、コミュニケーションが上意下達に偏り過ぎると、メンバーは「指示待ち」になります。自発性が失われれば、人は成長しません。

また、いわゆる「マイクロ・マネジメント」が横行しがちです。

メンバーの裁量は限りなく小さくなり、なんでも口を挟まれ、事細かく管理されます。当然ながら信頼感は醸成されず、メンバーのやる気が削がれます。

上意下達のマネジメントは、方針や指示が曖昧であることも少なくありません。指示し、命令する意識が先に立ってしまうからです。言われた通りにやってもできない、成果が出ない。メンバーからするとストレスでしかありません。

もちろんマネージャーにも言い分があり「指示が曖昧でも行間を読んでしっかり行動できるメンバーもいる」とおっしゃる方もいます。しかし、「まぐれ当たり」には再現性がありません。

職人型の問題点

職人型のマネージャーはプレイヤーとして優秀なので「仕事へのこだわりが強過ぎる」「言葉が足りない」「人への興味関心が薄い」などと評されがちです。

また、意識が目の前のプロジェクトや仕事に向いているため、メンバーもまた近視眼的になります。これが行き過ぎると、**メンバーが目の前の仕事以外はやらないようになる**傾向もあるので、注意が必要です。

メンバー側からは「マネージャーがすべての答えを持っていそうなので、自分の意見を言うのを躊躇してしまう」という声が聞かれます。

マネージャーに聞くと「そういう風に勝手に決めているだけじゃないですか？　こちらはどんどん意見を言って欲しいんです」などと言いますが、といってメンバーの意見をすくいあげようという姿勢は見られません。

言い方を変えると「隙がない」、ということでもあります。

マネージャーがどれほど優秀であっても、完璧ではありません。

それでも完璧であろうとすると、そこに間違ったプライドが生まれがちです。

そしてその間違ったプライドは、思いのほかメンバーに見透かされるものです。

「この人は内容が合っていようが間違っていようが、自分が正しいことを言うために理屈をつくる人なんだな」というように。

こうなってしまうと、**メンバーは次第に自分の意見を言わなくなります。**

ビジョン型の問題点

前述しましたが、ビジョン型は組織や人に理想を追い求め過ぎる傾向があります。

そのため、**メンバーも含め多様な考え方に対して寛容ではありません。**

異なる風土の企業から転じた中途入社者に対して厳格になり、受け入れるまでに時間がかかるのもこのタイプです。

また、哲学を浸透させることは時間がかかるため、ミッションやビジョンを言語化しただけで浸透させることをあきらめてしまい、「絵に描いた餅」になり、マネジメントの効果が出ていないケースが多いのも特徴です。

ビジョン型はマネージャーのセンスや覚悟が最も求められるマネジメントかもしれません。

センスというのは、「メンバーの気持ちを動かす勘所がわかっているかどうか」ということ。覚悟は、「考え方が浸透するまでコミュニケーションを尽くすことができるかどうか」ということです。さらに、考え方にそぐわないメンバーに対しても、しっかりフィードバックをする覚悟も必要です。

奉仕型の問題点

少し勘違いが起こりやすいのがこのマネジメントです。

「相手の意見を聞く」「むやみに叱らない」というのは決して間違っていませんが、奉仕型の本質は「自立的な成長に奉仕すること」です。

となると積極的にコミュニケーションを図ることが欠かせませんが、ここに偏りがあるケースが少なくありません。

どういうことかというと、「強く言ったらパワハラになってしまうのではないか」「フィードバックしても反発されたらどうしようか」という思考になりがちで、**メンバーの甘えやモラル低下**を起こしやすいのです。

メンバーを叱らないことほど楽なことはありません。

上手くいけば「あのマネージャーとは仕事がしやすい」となりますし、会社がその思考を後押ししてくれているというのも免罪符になっています。

「誰かが注意してくれるだろう」と思いながら、誰も何もフィードバックせずにモラルも低く、成長も鈍化している「ぬるま湯の組織」になっているケースも多く見られます。

悪い言い方をすると、他の3つのタイプと違い、基準を持たずに相手に委ねているタイプ、と言えなくもありません。

さて、ここまでで4つのマネジメント・タイプの概要や環境の変化とその変化への適応、そして起こりがちなそれぞれのタイプの問題点について触れてきました。

では、あなたはどのように4つのタイプのいいとこ取りをし、それぞれの問題点をクリアしつつ状況に応じてタイプを使い分ければ良いでしょうか。

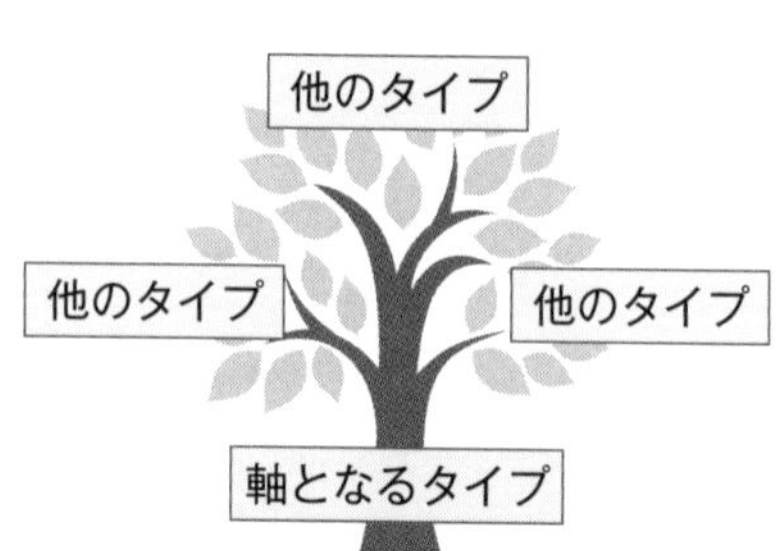

それには守・破・離という考え方がポイントになるでしょう。

守・破・離とは、剣道や茶道などで、修業における段階を示したものですが、それぞれ次のような意味があります。

「守」は、師や流派の教え、型、技を忠実に守り、確実に身につける段階。

「破」は、他の師や流派の教えについても考え、良いものを取り入れ、心技を発展させる段階。

「離」は、一つの流派から離れ、独自の新しいものを生みだし確立させる段階。

これになぞらえて、伴走するマネジメントでは、「守は、軸を極める」、「破は、弱点を克服する」、「離は、幅を広げる」と定義します。

STEP1 「守」＝軸を極める

軸を極めるとは一つのタイプを選択し、そのタイプの本質を理解してマネジメントの質を高めることです。

まずは、軸となる一つのタイプを選びそれを極めましょう。

「目標設定と評価の研修を先日受けたが、内容をほとんど覚えていない」

「離職率が高まって、会社が１ｏｎ１をしろと言っているからなんとなくやっている」

「心理的安全性が高いとチームのパフォーマンスが上がるらしいから、最近は叱らないようにしている」

このようにいろいろな指示や言葉に翻弄されていたずらに時間を費やし、すべてが中途半端になって業務の足かせになっているチームは少なくありません。

流行りのスイングやクラブを取り入れたからといって、誰でもゴルフのスコアが劇的に変わる訳ではありませんし、大量に流されているCMで紹介されているサプリメントを飲んだからといって誰もが健康になる訳でもありません。

昨今は情報があふれていますから、受け手はその情報が本当に自分にとって価値のあるものかを判断することが求められます。**大事なのは、あなたの組織の課題を解決するためには、どれが最適なのかをしっかり考えることです。**

ある会社で管理職全員を集めてトレーニングを行った時に「みなさんの会社の組織風土は4つのタイプのうちどれが一番近いですか?」と尋ねました。

すると、ある一人のマネージャーから「うちは組織といっても一人ひとりが違った専門性を持った集団だから職人型だね」と言われました。

ただ、新しく着任した社長から私がトレーニングで期待されていたのは、会社の方針をメンバーにしっかり落とし込む方針伝達、目標設定スキルを強化することでした。つまり、社長の考えとマネージャーの現状認識に、ギャップがあったのです。

一方で、人事の役員と話をしていて感じたのは「会社にミッションやビジョンのような数値目標以外のよりどころがない」ということでした。

また、別の機会に若手の社員にインタビューをした時に、会社に入社した理由を聞くと、「採用担当や面接官と話をして、個の尊重や多様性を受け入れてくれそうだから」ということでした。

このような、立場の違いによる食いちがいは、事業の推進を妨げることになりかねません。４つのタイプすべてのバランスを取って組織をつくることも可能ですが、まずは会社やチームとして軸や優先順位を決めておかないと組織内に不協和が起こりやすいでしょう。

多くの会社では「どの市場、どの商品をターゲットにするか」という事業戦略についての会話は多いと思いますが、**「自分達のチームは、ここを軸にするべきだ」**という会話を職場ですることは少ないはず。

ただ、それぞれが組織のあり方や、マネジメントの進め方について主義主張を持っていないかというと、そうではないと思います。

本書の４つのタイプを題材にして、ぜひ話をしてみてください。

また軸を決めたからといって、**そのタイプの本質を理解していないのもよくありません。**

「指示管理型のマネージャーは方針を伝えて進捗の管理だけしていれば良い」ということではありませんし「指示をして管理する側なので偉い」などというのは、もってのほかです。

また「奉仕型のマネージャーは叱ってはいけない」というのもまったくの誤解です。

軸を決めてその軸の本質を理解し、マネジメントの質を高めてください。

STEP2　「破」＝弱点を克服する

「弱点を克服する」とは、軸となるタイプの問題点を他のタイプの考え方を取り入れることで補完することを指します。

例えばビジョン型を軸にしてチーム内でビジョンを言語化することにしたとします。

しかしビジョンやミッションは言語化しても現場の実務とは結びつかず、絵に描いた餅になりがちです。

「そういえばうちにもビジョンなんてものがあって、期初に発表されていたな。けど内容は抽象的でよく覚えてないかも」というような声はメンバーからよく耳にします。

もちろんこれを回避するべくマネージャーが様々な場面でビジョンを発信し続ければいいのですが、それにも限界があるでしょう。

そこで奉仕型の「メンバーの意思を尊重する」という考え方を取り入れて、ビジョンを策定する際にマネージャーが独断で決めるのではなく、チームメンバー全員を巻き込んで議論をして決めることにします。

これにより軸となるビジョン型の思想を奉仕型の思想が補完し、ビジョン型の弱点が強化されます。これが、弱点を克服する、ということです。

この奉仕型の「メンバーの意思を尊重する」を取り入れるというのは、いろいろな場面でジョーカーのように活用できるので、つねにマネージャーの手札として持っておくといいと思います。

また、指示管理型を軸にするマネージャーが目標設定をする場合に、職人型の「まずはマネージャーが率先垂範する」という考え方を取り入れるのも効果的です。

専門性の高いメンバーの中には、マネージャーは口ばっかりで何をしているのかわからない、などと不平を口にする人がどうしてもいます。

その場合には指示を出す時点でマネージャー自身が結果を出している、もしくは率先垂範すべき自分の責任範囲を目標設定時に明確にした上でメンバーに指示を出すことで、指示管理の弱点が克服されます。

また、少し応用編ですが、ある部門ではチームの行動指針（バリューやクレドと同義）として「顧客の期待を超える」「自ら責任範囲を広げる」「多様性を尊重し受け入れる」の3つを掲げていました。

最近はグローバル化の流れもあり、このように多様性を行動指針の中に入れる会社やチームが増えています。本来、行動指針とは、共通の価値観を持つことでメンバーの行動の質が高まることや、コミュニケーションが円滑になりチームワークが高まることを狙いとしています。

一方、多様性という言葉には働く人のそれぞれの価値観を認めるという意味も含まれています。そのため先の3つを行動指針として掲げると多くの社員から「共通なのか多様なのかどっちなんだ」と矛盾を感じさせてしまうことがあります。

しかし、実はここには「顧客の期待を超える」「自ら責任範囲を広げる」の2つについては全社員が守らないといけない共通の価値観ですが、それ以外はすべて多様性を尊重し受け入れましょうという意図が含まれていることになります。これはビジョン型を軸として相反しやすい奉仕型の考え方を上手く取り入れている例です。

このようにSTEP2の意義は一つの施策の中に複数の思想を共存させることにあります。それによってマネージャーが大切にしている軸は活かしつつ弱点も克服され、他のタイプの良いところも吸収できます。

STEP3　「離」＝幅を広げる

ＳＴＥＰ１、ＳＴＥＰ２が実践できて、ある程度自分の軸がメンバーに浸透してきたと思ったら他タイプの施策を実行してみましょう。

繰り返しになりますが、あえてＳＴＥＰ１、２が終わってからと書いているのはＳＴＥＰ１～３を同時に行ってしまうと、マネージャーもメンバーも施策に翻弄され混乱するからです。

マネージャーがまずすべきことは、**しっかりと自分の強みや環境要因を知ったうえで軸となるマネジメント・タイプを決めること**です。

そして、**その軸となるマネジメントで今後チームをマネジメントしていくことをメンバーに宣言すること**をお勧めします。

そして、施策を中途半端にやるのではなく、効果が出るまで続けることが必要です。

ゴールはメンバーも含めて一つのマネジメント・タイプのメリットを享受できることで

す。

■厳しいマネジメントと優しいマネジメント

「結局のところマネージャーは厳しくあるべきなんですか？　それとも優しくあるべきなんですか？」という質問については本書の「はじめに」でも少し触れましたが、伴走するマネジメントの土台となる考え方なので、ここで詳しく説明しましょう。

そもそも厳しさと優しさという言葉は、いろいろな場面で使われます。まずは様々な場面で厳しさと優しさがどのように使われているかを整理しながら、本来あるべき姿を考えてみましょう。

マネージャーの厳しさと優しさという言葉が使われる場面は7つ考えられます。

1役割、目標内容の自由度

2基準の高さ

3ルールの範囲や細かさ
4基準やルール運用のあり方
5確認のし方
6フィードバック内容
7伝え方

順を追って考えていきましょう。

1役割、目標内容の自由度

担う役割や目標を会社やマネージャーのような他人が決めるのか、それともメンバー本人に自由な裁量を与えるのかという議論の時に、厳しさと優しさの2つが浮上します。

「うちのマネージャーは優しいよ。比較的自分の興味のあることをさせてもらえるし」

「あそこは目標設定時に本人の意思がまったく尊重されない、統制された厳しい職場だ」

これは対照的なマネジメントのあり方として、よく聞かれる話だと思います。

ここでは仕事に選択の自由を与え、個性を活かすことを優しさと呼んでおり、逆に会社やマネージャーがメンバーに選択肢を与えないことを厳しさと呼んでいます。

指示管理型のトップダウンの側面と奉仕型のメンバーの意思を尊重する側面を比較して、厳しい、優しいと言っている訳です。

2 基準の高さ

目標の達成基準をどのように設定するか、という場面でも厳しさや優しさが垣間見えます。

「今期は、目標数値が結構厳しく設定されている」

「あのマネージャーが理想としている成果物の品質基準は高い」

このように、設定されている基準が高ければ厳しいし、逆に基準が低ければ優しいとされます。

3 ルールの範囲や細かさ

チーム内のルールと、そのルールの設定のされ方も、厳しく感じられたり、優しい印象を与えたりします。

「あの会社の就業規則は30ページにわたって何から何までこと細かに設定されている」

「あのマネージャーはマナーやルールに言及することはほとんどない」

規制やルールの範囲が広く、内容が細かければ厳しいし、逆に規制やルールがほとんどなければ優しいとされます。

4 基準やルール運用のあり方

基準やルールが細かく設定されていても、その運用のあり方によって厳しいかどうかは変わってきます。

「あのマネージャーは目標設定する際の基準は甘めだが、決まったことを達成しないことについては厳しい」

「社内規則は厳密ですが、それを守らないから注意を受けるといったことはありません」基準やルールを厳格に守ることを求めるマネージャーは厳しく、何も言わないマネージャーは優しいと見られます。

企画資料などの成果物を確認する際に、品質基準に照らして細かく確認することも、厳しさに該当します。

5 確認のし方

メンバーに対して目標達成に向けて行動を促す場面でも、厳しいや優しいという言葉は使われます。

指示管理型のマイクロ・マネジメントに代表されるように、細かく「あの件はどうなってる？」と聞いてくるマネージャーは厳しいと言われますが、何も言わず任せてくれるマネージャーは優しいと言われがちです。

6 フィードバック内容

評価の際に、弱みや課題の指摘といったネガティブなフィードバックを行うかどうかについても、厳しさと優しさが言及されることがあります。

「あのマネージャーは、できていないところばかりあげつらう傾向があるので厳しい」

「あのマネージャーは、メンバーの良いところをしっかり観察して褒めてくれるので優しい」

言い方や内容によっても相手が厳しいと思うかどうかは変わってきますが、フィードバックの内容がネガティブかポジティブかでも厳しさと優しさが論じられることもあります。これは2の「基準の高さ」や4の「基準やルール運用のあり方」に比例しがちですが、中には基準は高く示すもののネガティブなフィードバックはしないというマネージャーもいますし、成果物への指摘は厳格だが人の能力へのフィードバックは厳しくないというマネージャーもいるので2、4と分けています。

「ネガティブなフィードバックでも言ってくれるだけ優しいじゃないか」という意見もあ

ります。

自分のことを思って言ってくれている、という信頼感がなければ、ネガティブなフィードバックを「優しい」と受け入れるメンバーは多くはありません。

7伝え方

厳しいと優しいを最もイメージしやすいのが「言い方」「伝え方」です。

「うちのマネージャーは厳しいよ。上から目線で、感情的に叱るので」

「うちのマネージャーは怒っているところを見たことないぐらい温和で優しい人です」

このように上から目線で怒るマネージャーは当然厳しいと言われますし、言い方がソフトだと優しいと言われます。

多くのメンバーの話を聞いていると、ここまで挙げた1~7が混ざり合って厳しいか優しいかを判定しているようです。

昨今メンバーに人気のない、一歩間違えばハラスメントと言われかねない怖い職場には、以下のような傾向があります。

「好きな仕事をさせてもらえない」（❶役割、目標内容の自由度）

「目標の基準が高過ぎる」（❷基準の高さ）

「仕事に関係のないルールが細か過ぎる」（❸ルールの範囲や細かさ）

「ルールや基準から外れることを許さない」（❹基準やルール運用のあり方）

「一日に何度もメールや電話で細かく状況を聞いてくる」（❺確認のし方）

「弱みばかりを指摘される」（❻フィードバック内容）

「言い方が高圧的で、ちょっとしたことですぐに怒る」（❼伝え方）

並べてみると、かなり極端な印象になりますが、これらがすべてそろっている職場もありそうな気がします。

では、マネージャーは、すべての場面で厳しくしてはいけないのでしょうか？　そんなことはまったくありません。

伴走するマネジメントでは、厳しさと優しさを場面によって使い分けます。

具体的には以下の通りです。

1 役割、目標内容の自由度

個を尊重する昨今は、仕事や役割、目標に意思を尊重することが重要と言われていますが、伴走するマネジメントでは、**軸はあくまで「チーム目標の達成」なので厳しさに軸を置いています。**

チーム目標を達成するための最善な方法を考えるのがマネージャーの仕事なので、そこには厳しさも必要ということです。

サッカーでも自分の強みを活かせるポジションを選手は望みますが、「戦術上必要だから、今日の試合は別のポジションをやってもらう」ということは多々あります。

それはチームを勝たせることを優先させるからです。

ただし、軸はあくまで厳しさに置きますが、チーム目標を達成するための施策を一緒に考える中でメンバーの意見を尊重したり、メンバーの中長期的なキャリア実現に向けてマネージャーが役割や目標設定に配慮します。

2 基準の高さ

チームの目標を達成するために個々の目標や仕事の基準をどのように考えるかは、非常に重要です。

ここで大事になるのは、ビジネスの世界では「正しい基準を持っているのは市場である」ということです。

メンバーでもマネージャーでもありません。

市場でこれまで以上に成長するため、そして生き残るために、会社は各事業本部の目標を設定します。その目標をブレイクダウンしてチームの基準は決められるべきです。

また、日々の仕事の成果物、例えば提案書や企画書のクオリティなども、本来ならば中長期的に市場で認められるクオリティであるべきです。

マネージャーが勝手に自分の好みで決めていい訳ではありません。

そういう意味では基準の高さには、客観性のある厳格さが求められるべきでしょう。

3 ルールの範囲や細かさ

ルールの範囲や細かさの軸は優しさに置きましょう。

「目的、根拠が明確か？」

「そのルールを実際に運用できるのか？」

ルールにおいてはこの2点が何よりも優先されます。

マネージャーがメンバーから「なぜこのルールがあるのですか？」と聞かれて答えられないようなものであるならやめるべきです。

また、仮に大切なルールだとしても、メンバーが守れる範囲や内容にすることが重要です。

「本当に守れるルールか？」

「守れないとしたら何が障壁になっているのか？」

を考えてルールの内容や範囲を変更しましょう。

例えば「会議の遅刻は厳禁」というルールは、みなさんは必ず守れるでしょうか？ 15時から会議の予定があったとしても、14時～15時に顧客との打ち合わせが入ったとしたら、間に合いません。

これについては会議の時間を基本50分として、次の会議の前には10分間入れる、などのルールを追加すべきでしょう。

このように単にあるべきルールをつくって強いるのではなく、理想と現状を行き来しながら決めることが求められます。

これらのことを考慮すると、現実的にルールの範囲や細かさは厳格過ぎず、優しさを軸にするのがいいでしょう。

4 基準やルール運用のあり方

高い基準を設定することも大切ですが、それを守ることも大切です。

目標や成果物に設定した基準については、厳格な姿勢を持ちましょう。

ここを緩めてしまうと成果物や社員の言動のレベルが下がり、事業の根幹を揺るがしか

ねません。

またルールに関しても3で説明したようにルールの範囲や内容をできるだけフェアにする代わりに、守るか守らないかについては厳格であるべきです。

ただし、自分ではなく会社が決めたルールで、根拠や背景が不明なものについては、柔軟な対応を取るべきです。

ちなみに人事評価に関して基準やルールに対して厳格でないマネージャーは、曖昧で平等な評価になりやすく、優秀な人からすると「このチームは頑張っても頑張らなくても評価が変わらない」と、気持ちが離れていくので注意が必要です。

5 確認のし方

確認についての軸足は優しさに置くようにしましょう。

「でも、それだとさぼってしまう社員がいませんか?」という質問はよく受けます。

その場合はマネージャーから確認をするのではなく、能動的に相手が報告できる工夫をしましょう。

例えば「毎週水曜日は進捗をメールで報告する日」と決める、というように。

これに対して「それでも報告してこないメンバーがいる場合はどうすればいいですか?」と言う方もおられますが、確認の頻度を増やすことでは解決しないと思います。この場合の問題は、マネージャーとメンバーの信頼関係など他にある場合がほとんどです。

6 フィードバック内容

フィードバックは優しさを軸にしましょう。

能力の強みや課題を伝えることは、成長という観点で非常に重要です。

ここを躊躇しているマネージャーも多いですし、言われたくないメンバーも多いため、お互いの利害が一致して遅々として成長が進まないというチームが多い印象があります。

フィードバックは客観的で、かつ率直であることが大事です。

ただし軸足は優しさに置いてください。

大切なのはポジティブとネガティブの量と順番です。必ずポジティブな方から伝えるようにしましょう。

いきなりネガティブなフィードバックを行うと相手が構えてしまいます。「ポジティブなところは○○で○○で」と伝えた後に「ちなみに○○だけは課題」と伝えましょう。また量的には、ポジティブ要素が多い方が望ましいと思います。

「普段からポジティブな面を見てくれているマネージャーが言うのだから、ネガティブな意見も聞き入れよう」と思ってもらえるかどうかがポイントです。

7 伝え方

言い方、伝え方は完全に優しさに軸足を置いてください。

日頃から高圧的なコミュニケーションを取るマネージャーもいますが、メンバーの自立には百害あって一利なしです。

ここでのポイントは、メンバーに向かわせたいベクトルによって優しさと厳しさを分けるという考え方です。

どういうことかというと、メンバーをポジティブな方向に導きたければ、ポジティブな言葉で伝える、何かを止めさせたい時などネガティブな指摘をするのであれば、伝え方も厳しくてかまいません。

「もっとマインドを高く仕事しろって言ってんだろー！」と怒りながらメンバーに叫んでいるマネージャーを知っています。

メンバーの仕事に向き合う姿勢が、マネージャーから見ると足りなかったのでしょう。

しかし、「マインドを高く」というのはメンバーをポジティブな方向に導きたい訳です。そうであれば、ポジティブな言葉を使わないといけません。

一方で、小さな子供がふざけて車の走る道路に出てしまった時などは、その行為を止めさせたい。つまりネガティブな指摘をしたいので、厳しい言い方でも問題ありません。

多くのマネージャーは「目標達成しろ！」「もっと本気でやれ！」と言う時にネガティブなトーンになっていますが、それでは前に進みません。

■「ゆるい職場」にならないためには

最近、「ゆるい職場」という言葉を聞くようになりました。

怖い職場から脱却しようと会社がハラスメント研修や１ｏｎ１、心理的安全性、エンゲージメントなど奉仕型の施策を実施しすぎたことで、マネージャーが厳しさと優しさの中で混乱し、７つの項目すべてにおいて優しさを見せることで、逆にメンバーの離職を誘発しているというものです。

特徴としては「2基準の高さ」「4基準やルール運用のあり方」「6フィードバック内容」といった、厳しくすることでチームの達成感が味わえたり、成長できたりするポイントについて、それを感じさせられていないことによって起こるものだと思います。

要はゲームとしてつまらないし、成長しない、という状態です。

「マネージャーは優しく接するべき」という風潮が強く、誤解が生じがちです。

そのために厳しくすることをせず、一方で褒めることも苦手なので、次第にメンバーと距離ができてしまう人もいます。

「優しくしないといけないと思い、全部優しくしてしまう」「厳しさと優しさのバランスなんてわからない」とあきらめて放置してしまう。「厳しくて何が悪い、と今までのやり方を変えない」。そういうタイプのマネージャーもいます。

私も「基準が高く、基準に厳格で、しっかりとフィードバックしてもらえる職場と、基準が甘く、守る人もあまりおらず、フィードバックもない職場では、どちらがいいですか?」と聞かれたら前者と答えますが、いざネガティブなフィードバックをもらったら感情が揺らぎ、その場ではマネージャーに対して怒りの感情が出てしまうことはありました。

しかしマネージャーという仕事はそれにひるまないことが大切です。

求められているのは、厳しさと優しさの両立です。

メンバーには、自分はグラウンドに立っているプロフェッショナルだ、という自覚を持ってもらう必要があります。

厳しさと優しさが語られる場面

場面	怖い職場	ゆるい職場	伴走するマネジメント
1 役割、目標内容の自由度	厳しさ	優しさ	厳しさ
2 基準の高さ	厳しさ	優しさ	厳しさ
3 ルールの範囲や細かさ	厳しさ	優しさ	優しさ
4 基準やルール運用のあり方	厳しさ	優しさ	厳しさ
5 確認のし方	厳しさ	優しさ	優しさ
6 フィードバック内容	厳しさ	優しさ	優しさ
7 伝え方	厳しさ	優しさ	優しさ

そのためには厳しさをゼロにすることはあり得ません。

私は**「優しさがあるから厳しさが活きる」**と思っています。そこにメリハリがあるからマネージャーの魅力につながり厳しさが活きるのです。

伴走するマネジメントにおける厳しさと優しさのバランスについて、図に示しました。

「厳しさを持つためのコツはありますか?」と聞かれることがありますが、それはチームとしての理想を考え抜いて言葉を尽くすことです。

そこへの納得感があれば、厳しくあることに対して不満は出にくいはずです。

理想がメンバーと共有されていない中でメンバーに厳しくしても、フィードバックをしても、単なる後出しじゃんけんになり、メンバーの気持ちは離れていくだけです。

ここまで四つのマネジメント・タイプをご紹介し、マネジメントにおける優しさと厳しさの使い分けを説明してきました。続く第2章では、伴走するマネジメントの概要を、さらに詳しく見ていきましょう。

第2章

「伴走するマネジメント」とは何か

ここでは「伴走するマネジメント」について具体的に解説していきます。マネージャーの役割はメンバーの自立を促し、自分がいなくなったとしてもチームが継続的に成果を出し続けられるようにすることですが、この「自立」という言葉の認識は多くのマネージャーですり合っていないように感じます。そこで本章では、「自立とは何か？」「メンバーを自立させるには？」という問いを起点として、伴走するマネジメントに欠かせないマネージャーとメンバーの視界を共有する方法論について解説したいと思います。

■指示管理型の本質を活かす「伴走するマネジメント」

前章では、マネジメントの4タイプについて説明しました。

誤解を避けるために再度申し上げると、この四つには一長一短があり、どれが良くてどれが悪い、というものではありません。

また、マネジメントにはどうしてもマネージャーの個性が反映されますから、「奉仕型」

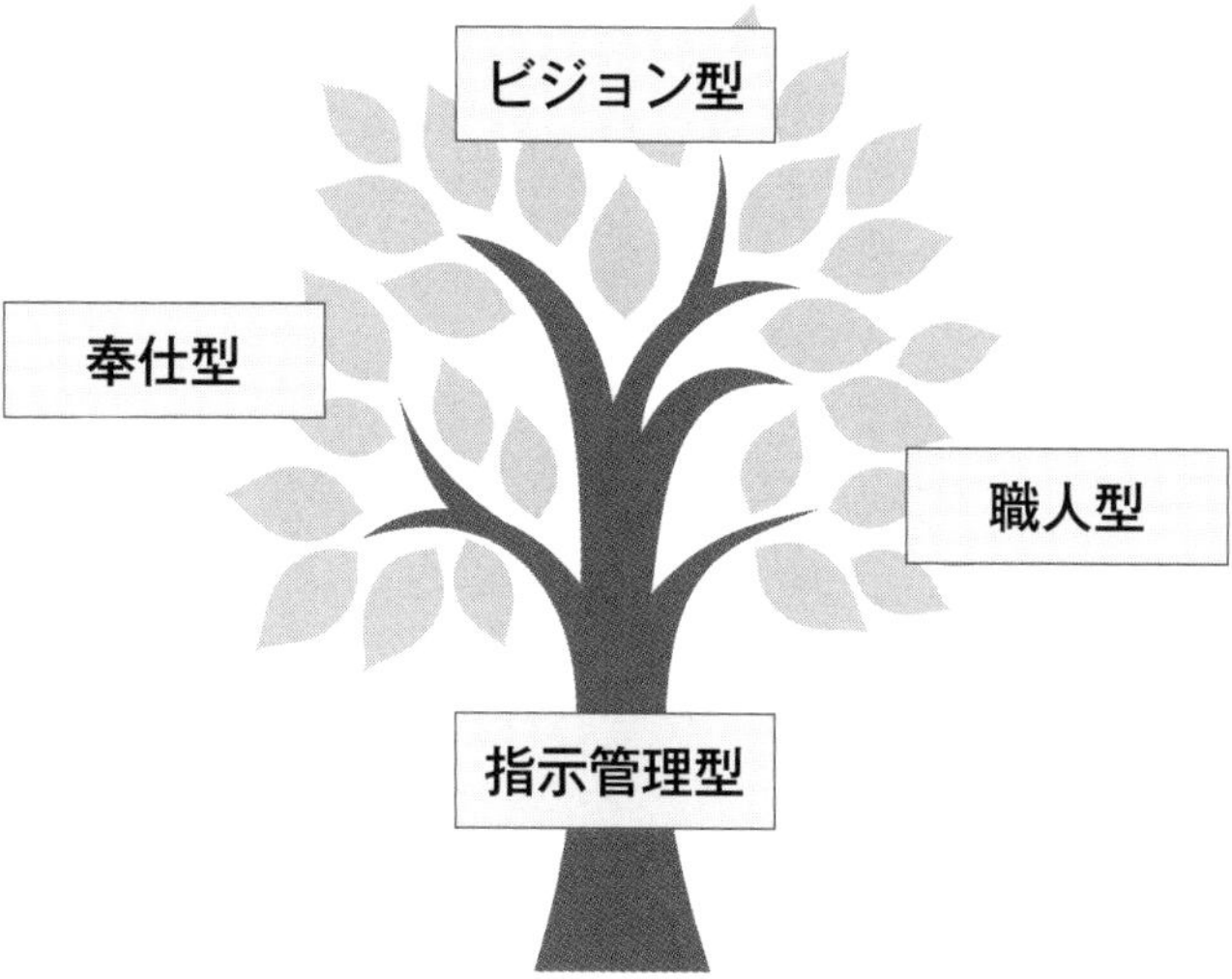

ビジョン型
奉仕型
職人型
指示管理型

をやっているつもりでも、メンバーの目には「職人型」と映る、ということもあります。

では、本書が提唱する「伴走するマネジメント」は、どのような特徴のあるマネジメントなのでしょうか。４タイプで言うと、昨今はあまり評判が良くない**「指示管理型」を軸としたマネジメント**です。

前章で解説したように、指示管理型にはメンバーが指示待ちになりがちな傾向があったり、「マイクロ・マネジメント」が横行しがちであるという短所があります。

また、方針や指示が曖昧であることも少

なくありません。

ただ、業績目標を達成する責任があるマネージャーにとっては、指示管理が一切ない、という状態はあり得ません。つまり、本質的にダメなマネジメント手法ではない、ということです。

伴走するマネジメントは、指示管理型から、先に挙げたようなマイナス点を消し去り、良き本質部分を活かそうというマネジメントです。

また、その成果にフォーカスして定義するなら、伴走するマネジメントとは、**メンバーの自立とチーム目標の達成を両立するマネジメント**、と言えます。

突然、「自立」という言葉が出てきたことに、戸惑いを感じる方もいるかもしれません。戸惑いを払拭するために、マネジメントの役割についてあらためて説明します。

企業のマネージャーの多くは今、プレイヤー兼任、プレーイング・マネージャーであるのではないでしょうか。

チームの数値責任を負いながら、自らもプレイヤーとして一線に立つ。意識の上では、マネージャーよりプレイヤーのウェイトが大きい、という人がほとんどではないかと思います。ただ、本来はそれではいけないのです。

個人の業績よりもチームの業績を上げることが会社からは求められています。とはいえ、プレイヤーのウェイトを下げてマネージャーに徹していては、数値責任が果たせない、という不安もあるかもしれません。

そこで問われるのが、**メンバーの育成**です。

言い換えれば、メンバーを自立させることです。

それによってチーム全体の実力が向上し、プレーイング・マネージャーとしての負担も軽くなります。そのような状態を実現させるためのマネージャーの働きかけが、伴走するマネジメント、ということになります。

ここからさらに具体的に説明していきますが、まず「伴走とは何か」について簡単に説明しましょう。

伴走という言葉はマラソンや自転車のロードレースなどで使われる言葉で、選手のそばについて同じペースで走ることを意味しています。

ブラインドマラソンをご存知でしょうか？

視覚障がい者ランナーと「きずな」と呼ばれるロープでつながり走る伴走者（ガイドランナー）をテレビで見たことがある方もいるかもしれません。

伴走するマネジメントについて考える時、私がいつもイメージするのが、この伴走者です。

伴走と聞くと、相手の手を取って同じペースで走りランナーに安心感を与える、という意味で「奉仕型」のマネジメントをイメージする人も多いかもしれません。

もちろん「奉仕型」の要素も含まれますが、私は**伴走の本質は「指示管理型」にあると考えています。**

■伴走は視界共有から始まる

日本ブラインドマラソン協会のサイトでは、伴走者の目的と4つの役割が記されています。「良い伴走者とは障がい者ランナーが安心して走れる伴走者です。安心して走れるように伴走者には4つの役割が求められます」

1. 障がい者ランナーの安全確保／状況説明
2. 理想のフォームで走ってもらえるような伴走
3. 走路、ペースなどの誘導と楽しく／ラクに走れるようなエスコート
4. タイムなどの記録

続けて「最も大切なことは視覚に障がいのあるランナーが安心して走れるように安全を確保し、周りで何が起きているか状況を説明することです」という記述があります。

この文章を読んだ時に、あらためて気づかされたのは、マラソンの主役はあくまでランナーであり伴走者ではない、ということです。当たり前のようですが、忘れがちなことかもしれません。

つまり、手を取って補助することが伴走者の役割なのではなく、**視界の異なる**ランナーに対して状況をしっかりと説明し、ゴールに向かって自立して走ってもらうことが伴走者の役割、ということです。

「視界を共有しないとランナーは安心して走れない」

ここが大事なポイントです。

マネジメントの4タイプに当てはめると、理想のフォームで走ってもらうことは「職人型」に、楽しく走れるようなエスコートは「奉仕型」に近いと感じますが、それらはあくまで副次的な役割と考えられます。

第1章で、「指示管理型」の本質は「上位方針をマネージャーが理解し、自分の言葉でメンバーにわかりやすく伝え、目標達成に導くこと」と書きました。

この「方針を自分の言葉でメンバーにわかりやすく伝えること」が、今の多くのマネージャーに欠けていると感じます。

それが、自分が思うようにメンバーが動かない、そのため成果が上がらない、という要因になっている。

マネージャーの果たすべき役割について、私は先に説明した伴走者に近いと思います。そこで、あるべきマネージャーの姿を伴走するマネジメントであると考え、指示管理型を軸

伴走者の役割

良い伴走者とは障がい者ランナーが安心して走れる伴走者です。では目が見えない障がい者ランナーが安心して走れるとはどういうことでしょうか。

まず最も大切なことは視覚に障がいがあるランナーが安心して走れるように安全を確保し、周りで何が起きているか状況を説明することです。またランナーが走りやすいようにフォームや走路、ペースに気を配りましょう。最後は目標を持って走れるようタイムなどを管理することが大切となります。そのほか障がいの程度や現地までの移動手段、コースや周囲の状況などで必要なことが違ってきます。

視覚障がい者の方にしかわからないこと、感じられないことも多くあります。また一人ひとり不安なことや知りたいことも異なります。ここに挙げたことはほんの一例だと思って、相手が何をしてもらいたいかをよく話し合って下さい。

伴走者の役割

1. 障がい者ランナーの安全確保 ／ 状況説明
2. 理想のフォームで走ってもらえるような伴走
3. 走路、ペースなどの誘導と楽しく ／ ラクに走れるようなエスコート
4. タイムなどの記録

（日本ブラインドマラソン協会サイトより抜粋）

としたマネジメントの重要性をお伝えしたい。これが本書を執筆する動機になりました。

ところで、なぜマネージャーがメンバーに対して、周囲の状況をしっかり説明する必要があるのでしょうか?

ブラインドマラソンのランナーとは違い、マネージャーとメンバーは、同じ時間と場所で、同じものを見ているはずです。

周囲の状況など、説明するまでもなく、共有できていると考えられます。

しかし、実はそうではありません。

マネージャーとメンバーは同じものを見ていますが、実際には視界が大きく異なっているのです。ブラインドマラソンを喩えにしたのは、それが理由です。

■メンバーの視界はマネージャーより低く狭い

マネージャーとメンバーは、与えられている役割が違います。

また、マネージャーだけが出席できる会議などもあり、入ってくる情報の量も質も異なります。また年功序列の風土が残っている企業では、マネージャーとメンバーではビジネスの経験年数も違いますし、能力が違えば情報を解釈する力も異なるでしょう。

メンバーの視界はマネージャーと違い、3つの観点で低く、そして狭くなりがちです。

1 **立場、役割**の違いによって視界が狭まる
2 過去の**経験**の差によって視界が狭まる
3 解釈する**能力**の差によって視界が狭まる

このように視界が違うにもかかわらず、マネージャーはメンバーに何かを説明したり、指示をしたりする時に、そのことをあまり意識していません。そこにはやはり、「同じものを同じように見ているはず」という誤解があるのだと思います。

この誤解は、例えばスポーツ観戦時のファンと選手の間でもよく起きます。

サッカーの試合を見ているファンから、試合後に選手に対して「なぜ右サイドがガラ空きなのにあそこで右サイドに蹴らなかったのか。あそこで蹴っていれば展開が変わっていたのに」などという厳しい発言が浴びせられることがあります。

これも視界について誤認している例です。確かに同じ場所で同じものを見ていますが、違う角度から見ているために視界が異なっていることに、そのファンは気づいていないのです。

サッカー選手がインタビューで「自分達も観戦者のような視界で試合を俯瞰して見ることができたら、もっと良いプレーができる」と答えるのを聞いたことがあります。テレビを見ているファンからすると「同じ試合を見ているのだから同じ視界のはずだろう。だとしたら、そのプレーができなくてどうする」という発想になるのですが、実際には見ている角度が違うのです。

企業組織の中でも、視界が異なることから次のようなことが起こります。

・**マネージャーの指示がメンバーに上手く伝わっていない**
・**マネージャーがフィードバックをしてもメンバーに受け入れられない**
・**メンバーが指示待ちになる**

見えているものが違えば、指示やフィードバックはメンバーに上手く伝わりません。上手く伝わらないと、マネージャーは「なぜ伝えたことができないんだ」「なぜフィードバックしても改善しないんだ」と怒りたくなるでしょう。

一方、メンバーからすると「マネージャーが言っていることがわからない」「マネージャーが考えていることがわからない」となります。

最終的には「どうせ考えてもわからないからマネージャーから言われたことだけやろう。それが一番安全だしラクだ」と、自立的な動きから遠ざかり、指示待ちの姿勢になってしまいます。

こうなるとマネージャーも「彼らには言っても無駄だから最低限伝えたことだけやってもらおう」という考え方になり、それが悪循環を生みます。

このように、前に述べた「指示管理型」の良くない面がむき出しになります。

視界が異なるために上手く指示できないことが、結果的には抽象的な指示になったり、逆に細かすぎる指示になったり、となるのです。

ここまでの説明でおわかりいただけたでしょう。

「指示管理型」自体が悪いのではなく、指示をする時にマネージャーの視界をメンバーと共有できていないことがまずいのです。

伴走するマネジメントを支えるのは、**視界を共有しメンバーの自立を大切にしながらゴールを目指すこと**です。

指示待ちになり自立できないのは、マネージャーとメンバーどちらかが悪いという訳ではありません。

お互いが少し歩みよれば解消される問題です。歩みよるといってもそれは気持ちの問題ではなくスキルの問題です。本章の後半で、視界を共有するための7つの観点について説明しますが、まずその前に、自立的に考えられるとはどういうことかを説明しましょう。

■「専門性の自立」「思考の自立」「行動の自立」

個を尊重する時代になり自立や自律という言葉をこれまで以上によく耳にするようになりました。

マネージャーと面談していても「メンバーには自立（または自律）してもらいたい」という声が聞かれます。

一般的には、自立は「独り立ちしていること」という意味で用いられることが多く、自律は「自分の意思で自分の行動を決めて行動できていること」という意味で使われます。

ただ、これらの説明では自立（または自律）についての正しい理解ができず、効果的なマネジメントにつながりません。

そこで、あらためて自立についてここで整理をしてみましょう。

自立と自律を分けて話をすると少し混乱を招くので、いったんはすべて自立という言葉に統一して解説をします。

次ページの図に示したように、自立には**「専門性の自立」「思考の自立」「行動の自立」**の3種類あります。

まず「専門性の自立」は**「その分野での専門知識や技術を持っていて、一人である領域の仕事ができること」**を指します。

「Aさんは3年間人事部で労務管理に従事していたので、自立的に労務管理系の仕事は進められそうだ」という使い方をします。

昨今は、ジョブ型やリスキリングという言葉も一般的になり、若者に限らず専門的な知識やスキルを身につけようと学校に通ったり、資格を取ったりする社会人が増えていますが、彼らが目指しているのは専門性の自立でしょう。

「手に職を持てば食いっぱぐれない」という文脈で使われるのも専門性の自立です。

一般的に自立と言うと、メンバーの多くはこの自立をイメージするかもしれません。

自立とは？

伴走するマネジメントが
最も重視する領域

- 専門知識、技術がある
- 経験がある
- 一人で○○の仕事ができる

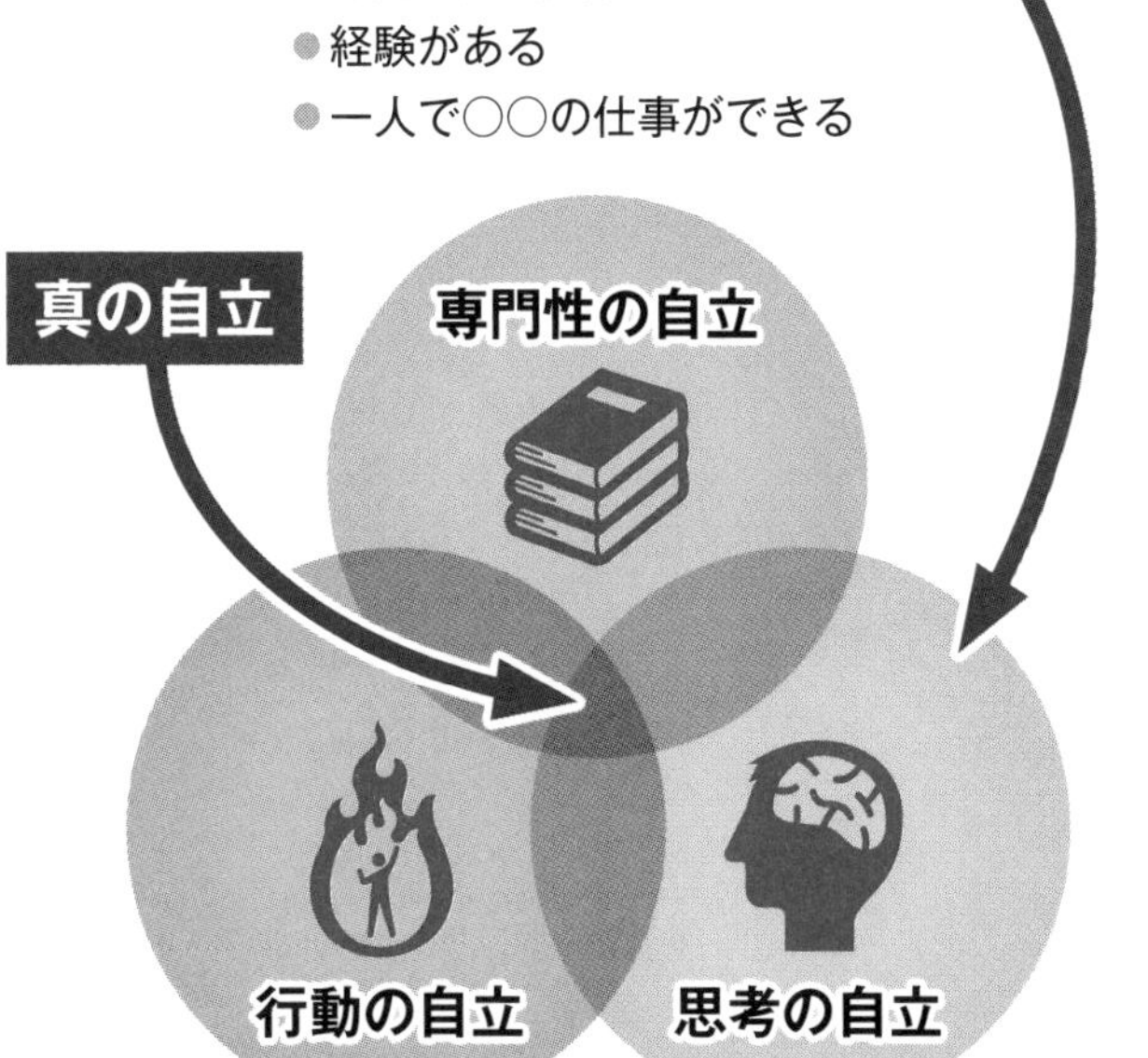

- 主体的に動く
- 新しいことに挑戦する
- 責任感を持っている

- 目的、ゴールに立ち返る
- 相手の立場で考える
- 適切な問いが出せる

一方、「思考の自立」は「仕事に対してつねに問題意識を持ち、問題解決に必要な深く考える力を持っていること」を指します。

「Bさんは指示待ちにならず、目的に立ち返って自立的に思考することができるから成果物のレベルが高い」というように使われます。

「問題意識を持っている」「目的やゴールに立ち返って考えることができる」「相手の立場で考えることができる」など、思考の部分を指しています。

そして、「行動の自立」は「主体的に行動すること」「挑戦すること」を指します。

「Cさんは自立的に仕事を選択してきた」や「マネージャーはメンバーの自立的な行動を引き出してあげないといけない」のように使われます。

昨今、メンバーの意思を尊重し、引き出すことが多くの職場で重視されていますが、ここで語られているのがこの行動の自立です。

仕事の流れに当てはめてみると、さらに理解が深まると思います。

110ページの図のように、基本的にすべての仕事はある理想に対して現実が思わしくないと、違和感や不満や不安が起こります。
そして、その違和感や不満、不安が「なぜ理想を実現できないんだろう?」「どうすれば理想を実現できるんだろう?」という問いを生みだし、それが解決する行動につながっていきます。

問いを生みだすところまでが「思考の自立」、答えるところは「専門性の自立」、行動するところは「行動の自立」が求められます。

このように自立は三つに分類されますが、真の自立はこれら三つすべてが実現できている状態を指し、一つの自立だけあっても仕事の成果にはつながりません。

伴走するマネジメントは三つの自立すべてが大切というスタンスですが、その中でも特に「思考の自立」に焦点を当てています。

というのも、今の世の中は「この商品を売っていさえすれば、業績は安泰」というような唯一解がなく、答えの見えにくい時代になっています。このような時代にあっては、答えることよりも問うことが大事になります。

にもかかわらず会社や上司、さらにはお客様からの指示待ちという状態でいるとすれば、

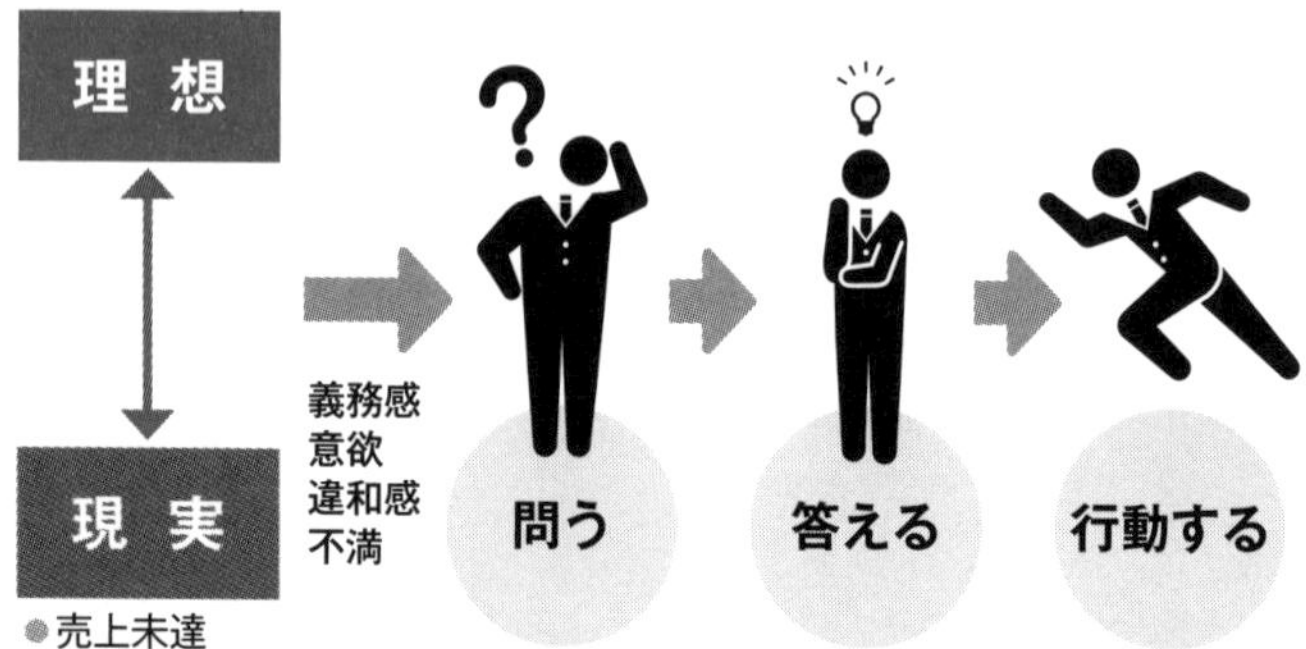

会社としても個人としても高い価値を発揮することはできません。

だからこそ思考の自立は大事なのですが、往々にして「空気が読める」「勘が良い」「地頭が良い」といった才能にも近い能力であると見なされがちです。事実、「指示に対してどのように思考するべきか」というようにスキルとして解説した本は、あまりありません。

しかし、思考の自立はスキルであり鍛えることが可能です。

思考の自立というのは、別の表現をすると、つねに問いを出せる状態にいること、とも言えるでしょう。

その意味で伴走するマネジメントは、**「メンバーと視界を共有し、問いを出しやすい環境を作るマネジメント」**と言い換えることもできます。

それではここから、視界を共有し、メンバーが問いを出しやすい環境を作る7つの観点についてご説明します。

■視界を共有するフレームワークReflects

このフレームワークは「Result」「framework」「level」「cost」「time-bound」「strategy」の頭文字をとってReflectsとしています。

Reflectは和訳すると反射する、映し出す、省みるという意味になり、本書では「マネージャーの視界を映し出す」という意味が伴走の考え方に近いことから、この名称にしています。Reflectsの観点がマネージャーとメンバーの間で共有されていれば視界が共有されている、逆に「指示したものの上手く伝わっていない」「メンバーが自立的に考えられない」というのはReflectsのどこかの観点がずれていることが原因です。

❶Result 結果の共有

先日「あなたの今期の目標は何ですか？」と、ある人事担当の方に質問したところ、「新人育成と人事制度の改定です」という回答が返ってきました。

そこで私から「ちなみにそれは、どのような結果を求められているのですか？」と質問すると「何でそんなことを聞く必要があるのか？」という顔をされました。

まず一つ目のResultは視界を共有するのであれば施策や行動などの「手段」ではなく**「結果」を共有すべし**という観点です。

例えばあるマネージャーが期初の方針発表で「今期の方針はＤＸを推進することと、若手社員の育成に力を入れることです」と伝えたとします。

これらは何も問題がなさそうですが、メンバーが問いを出しやすくするという点ではあまり適切ではありません。

というのも「ＤＸを推進する」も「育成する」も手段だからです。

視界を共有するフレームワーク Reflects

視界共有の7つの観点	概略
Result ～求める結果は何か？～	施策や行動ではなく、どのような結果を出すべきかを共有する
framework ～枠組みは？～	結果を様々な枠組みを用いて分類、構造化し共有する
level ～水準は？～	構造化した各要素に求められる水準を共有する
episode ～エピソードは？～	結果と施策や行動をつなぐ一つの具体的な例をストーリーで共有する
cost ～予算は？～	結果や構造化した各要素にかけられる予算を共有する
time-bound ～納期は？～	結果や構造化した各要素を実現する納期を共有する
strategy ～背景、方針、戦略、目的は？～	施策や行動を決定する判断基準となる背景、方針、戦略、目的を共有する

これを聞いたメンバーはその手段を実行することに目が向き、頭の中に浮かぶ問いが手段に限定されてしまいます。

例えば「どのような施策を実施するか」「いつ施策を実施するか」といった具合です。

そこで、そうならないように、手段ではなく結果として何を成し遂げたいのかを共有する、という観点が大事です。

ここで言うなら

「DXを推進する」→「DXによって生産性を高める」
「DXによって顧客に新たな価値を提供する」

などとする方がいいでしょう。

小さな違いですが、そうすることで新たに「生産性とは?」「DXによって提供できる価値とは何か?」といった視座の高い問いが生まれやすくなります。

結果ではなく手段で指示を受け慣れているメンバーは、いつの間にか視界が手段寄りになっていきます。

「ダイバーシティの研修できる？」

遅れて入ったウェブ会議で突然ある会社の社長に言われた一言です。

私がコンサルタントとしてお手伝いを始めた直後のことでした。

私が「ゴールはどこに置きますか？」と質問をすると、「うちはバックグラウンドの違う中途社員が最近増えてきているから、お互いを尊重できる雰囲気を作っていきたいんだよ」と回答をいただきました。

「ではゴールはお互いを尊重できる雰囲気作りですね。だとすると研修だけではすまないと思いますよ」とお伝えしました。

社長も一マネージャーです。

その観点で言うと普段から「ダイバーシティ研修できる？」のように手段で指示をする癖がついてしまうと、メンバーも手段しか考えなくなります。

このように、マネージャーはメンバーの視界が目先の手段に偏らないように日頃から注意を払う必要があります。

2 framework 構造化の共有

年度末の振り返りで「先期の売上目標は300億円でしたが実績は290億円でした」という発言が事業部長からあったとして、多くの社員の問題意識が醸成され、彼らに問いが生まれるでしょうか。

「ふーん。そうなんだ」

「自分にはあまり関係ない大きな話だな」

と思うだけの方が多いのではないでしょうか。

「どうすれば10億円の差分を埋めることができたのだろう」などと考えられるのは、目標に責任を持っているマネージャー以上の上層部だけでしょう。

期初にマネージャーから「今期はもっと生産性を高めていきましょう。自分の仕事の中で生産性を高めるテーマを設定して目標を立ててみましょう」という話があったとして、それで生産性に対する問いは生まれるでしょうか。

多分、生まれないと思います。

それはなぜでしょう。

それはあなたが提示する抽象的な理想を、メンバーが深く理解、または共感していないからです。

本書では「理解」と「共感」という言葉を分けて使っています。

理解とは物事の道理や筋道が正しくわかることや、他人の気持ちを察することを指します。

つまり頭で**わかる**ことです。

一方で共感とは、他人の意見や感情にそのとおりだと感じること。つまり心で感じることです。

例えば売上10億円という目標があったとします。それは社内のどの部門も達成したことのない大きな目標で、仮に達成すれば社内では偉業となります。

メンバーがこの売上10億円を理解できているというのは、「売上10億円を達成するために自分達が日々どのような施策を実行し、どのような行動をとればいいのかイメージがついている」状態です。

つまり何をすべきか、自分で考えて理解している状態です。

一方、共感できているというのは「売上10億なんてこれまで想像もしていなかったですけど達成したら凄いですね。他のどのチームも達成したことないですし。俄然やる気が湧いてきました」という状態です。

つまり目標に対して意欲が湧いている状態です。

ところが、「売上10億が大切だというのは**わかり**ますし、達成に貢献したいとは思いますが、大きすぎてイメージがまったく湧きません」というメンバーがいたとしたら、わかると言いながら、実際には理解ができていない状態です。

さらに、「売上10億って言われても、それは会社の事情ですよね。私は興味ありません。なぜなら数字を達成するためではなくてお客様に貢献するためにこの会社に入ったので」という反応があったとしたら、共感できていない、ということになります。

先ほど説明した三つの自立と紐づけると121ページの図に示したように理想の理解は思考の自立を促し、理想への共感は「やりたい」という気持ちを引き出し行動の自立を促します。

そして、理解と共感は循環します。

例えばＳＤＧｓという言葉があります。
その言葉が作られた当初は多くの人が理解していませんでした。
しかし次第に理解が進んでくると、その考え方に共感してくる人が増えてきました。
このように理解が進むことで共感が促されることがあります。一方、「ＳＤＧｓについて詳しく知らないけれど、考え方には共感できる。だからもっと詳しく知りたいと思います」

というように、共感するからこそ理解が進むということもあるでしょう。

理解も共感も非常に大切で、マネジメントにおいてはどちらも捨ててはいけないアプローチです。

ただ、ここ最近のマネジメントや教育といった組織人事領域の風潮を見ていると、心理的安全性や１ｏｎ１などメンバーの共感を重視する考え方や施策は多くあるものの、理解の重要性はあまり語られていない気がしています。

私達マネージャーは

「売上が足りてない」

「生産性を高めないといけない」

「一人ひとりの成長が必要だ」

と声高に叫びます。

時にメンバーが共感する魅力的なビジョンを訴えかけることもあるでしょう。しかしそ

共感:○「売上10億円を達成するなんて凄い!」

共感:×「数値目標に興味がありません‥‥」

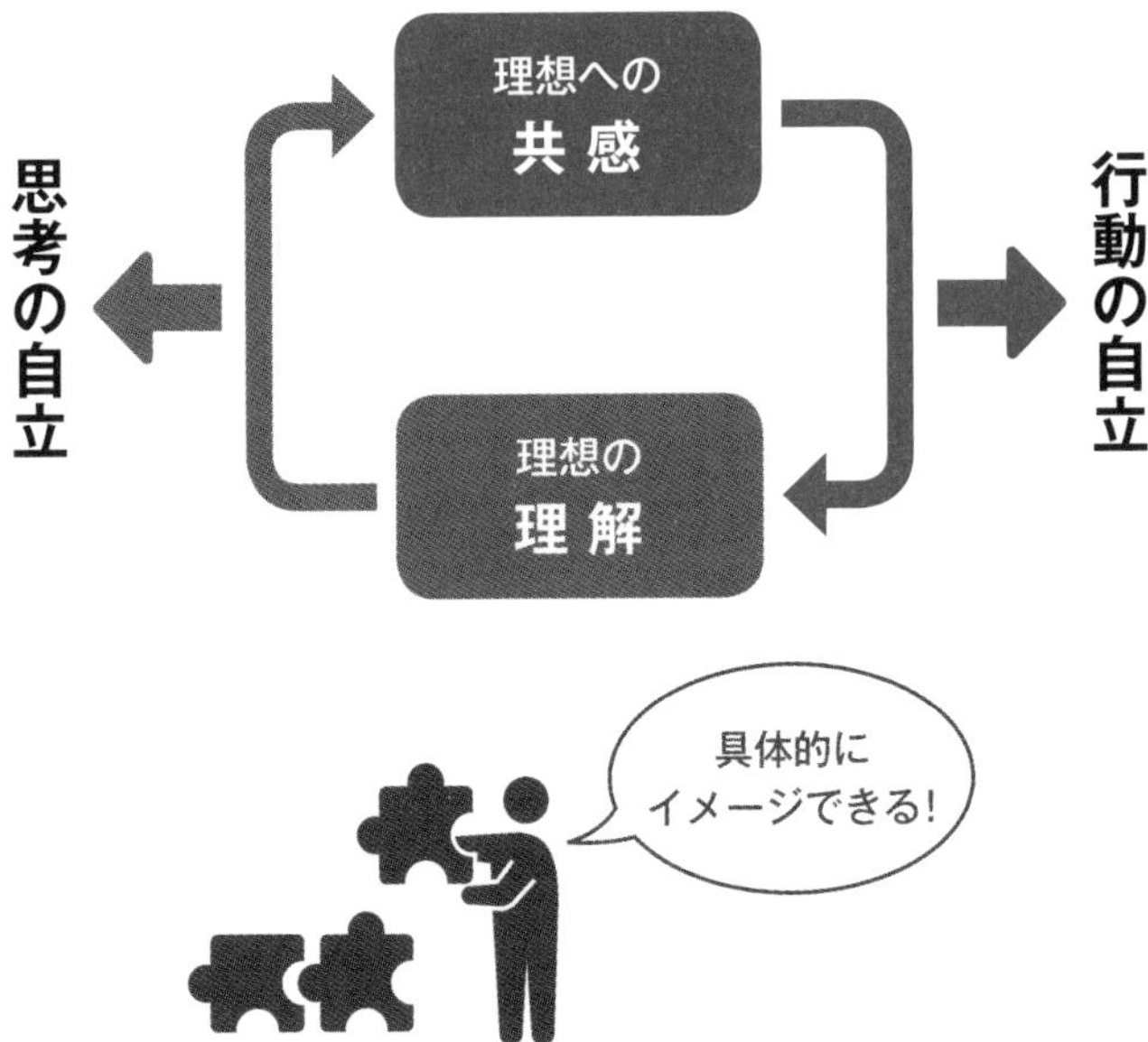

理解:○「売上10億円を達成する施策のイメージがあります!」

理解:×「売上10億円は大きすぎてイメージできません」

の場で感情に訴えかけることには成功しても、その会議が終わったら忘れられていること
も少なくありません。

また、若手のメンバーに

「この会社で何がしたいの？」

と聞いた時に

「成長したいです」

「周りから認められるようになりたいです」

と威勢の良い返事が返ってくる割には具体的な行動が伴っておらず成果が出ない、成長で
きていない、というケースもしばしば見られます。

共感しているけれど理解が進まないから結果が出ない。

このような時に、マネージャーには理解を促すアプローチが必要になります。

では理想が理解できているとはどのような状態でしょうか。

話をわかりやすくするために、ダイエットを例に考えてみましょう。

あなたは体重を減らしたいと思っています。

つまり体重を減らすという理想に共感しています。

一方、理想の理解はできていません。

もちろん理想を実現するために「運動すること」「食事を減らすこと」「エステに通うこと」などいろいろな選択肢があることはわかっています。

ただこの状態は、体重を減らすという理想を本当の意味で理解してはいません。

いろいろやらないといけないことがあるのはわかっているけれど、どれも中途半端で結果に結びつきません。

そんな時に周囲の人は、てんでに様々なことを言います。


「ウォーキングすればいいんだよ」

「ご飯の量を減らせばいいんだよ」

「良いサプリメントがあるよ」


これは、アドバイスをもらったあなたが、体重を減らすとはどういうことなのかを理解しないまま施策や行動が提示されている状態。

つまり具体的な問題意識が醸成されない、問いが出にくい状態です。

そのような状態で施策だけが提示されると、人は単純に目の前の施策に飛びつきます。

つまり「言われたことをただやる人」になります。


それで結果が出ればいいですが、結果が出ないと問題意識が醸成されないまま人の言うことを聞いて施策に取り組んでいるだけなので、人は他責になります。

「アドバイスを受けて実行したのに、結果が出なかったじゃないか！」という具合です。

「ゴルフでスコアを上げるためにクラブを新調し

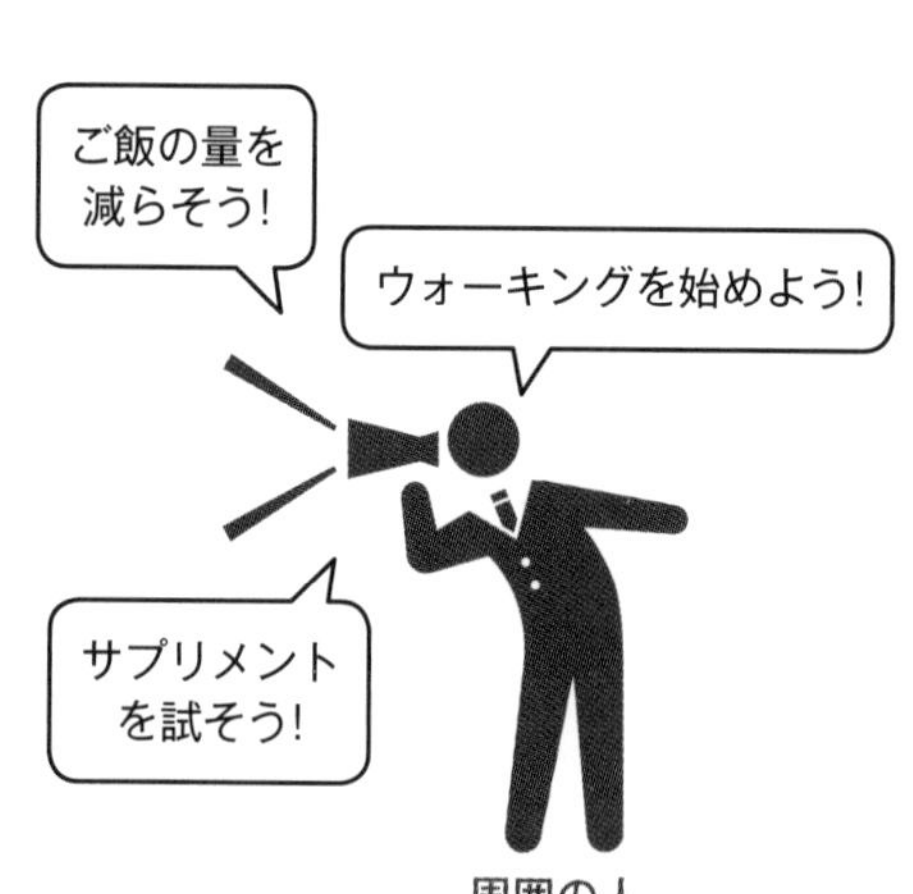

たのに全然スコアが悪かったよ」などというのも同じです。

ここで注目すべきは、抽象的な理想だけ提示されても問いは生まれませんし、施策を指示されるだけでも問いは生まれない、ということです。

ここに視界共有の難しさがあります。

大切なことはその二つの間を埋めることなのです。

そこで次ページの図のように理想をツリーで構造化してみました。

まずは体重を減らすための選択肢を「摂取カロリーを減らす」と「代謝を増やす」との二つに分類しています。

代謝とは人が使うエネルギーのことです。

つまり体重を減らすには食べ物などから摂取するカロリーを減らすか、使うエネルギーを増やすかの二つの選択肢があります。

そして摂取カロリーを減らすには食べる量を減らすか、食べるものを変えるかしかないのでこのように分けています。

また、人が使うエネルギーはランニングなどの体を動かす時に使う活動代謝と、血液の循環など何もしていない時でもエネルギーを放出する基礎代謝に分けられます。

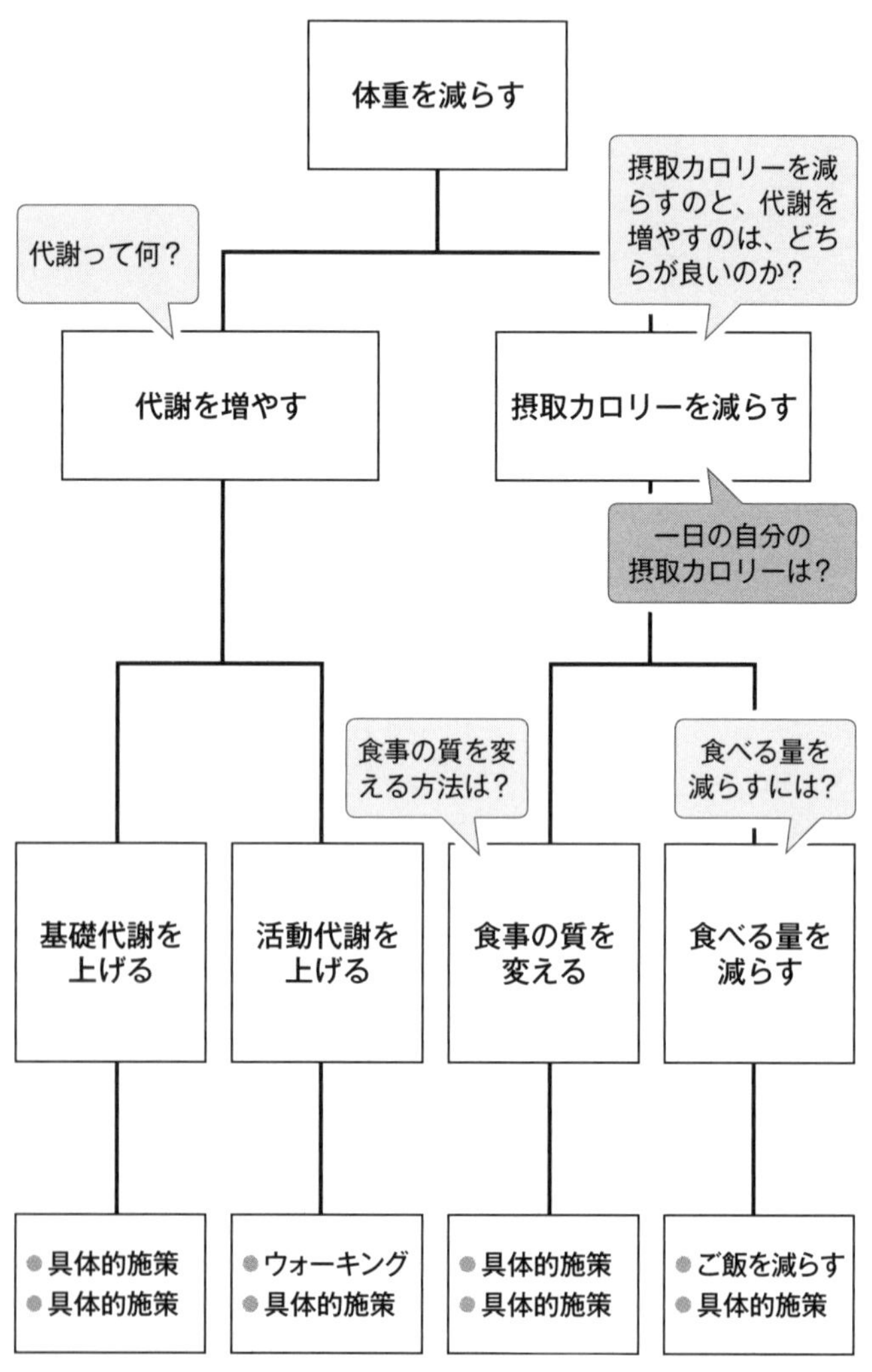
体重を減らす
代謝って何？
摂取カロリーを減らすのと、代謝を増やすのは、どちらが良いのか？
代謝を増やす
摂取カロリーを減らす
一日の自分の摂取カロリーは？
食事の質を変える方法は？
食べる量を減らすには？
基礎代謝を上げる
活動代謝を上げる
食事の質を変える
食べる量を減らす
● 具体的施策
● 具体的施策
● ウォーキング
● 具体的施策
● 具体的施策
● 具体的施策
● ご飯を減らす
● 具体的施策

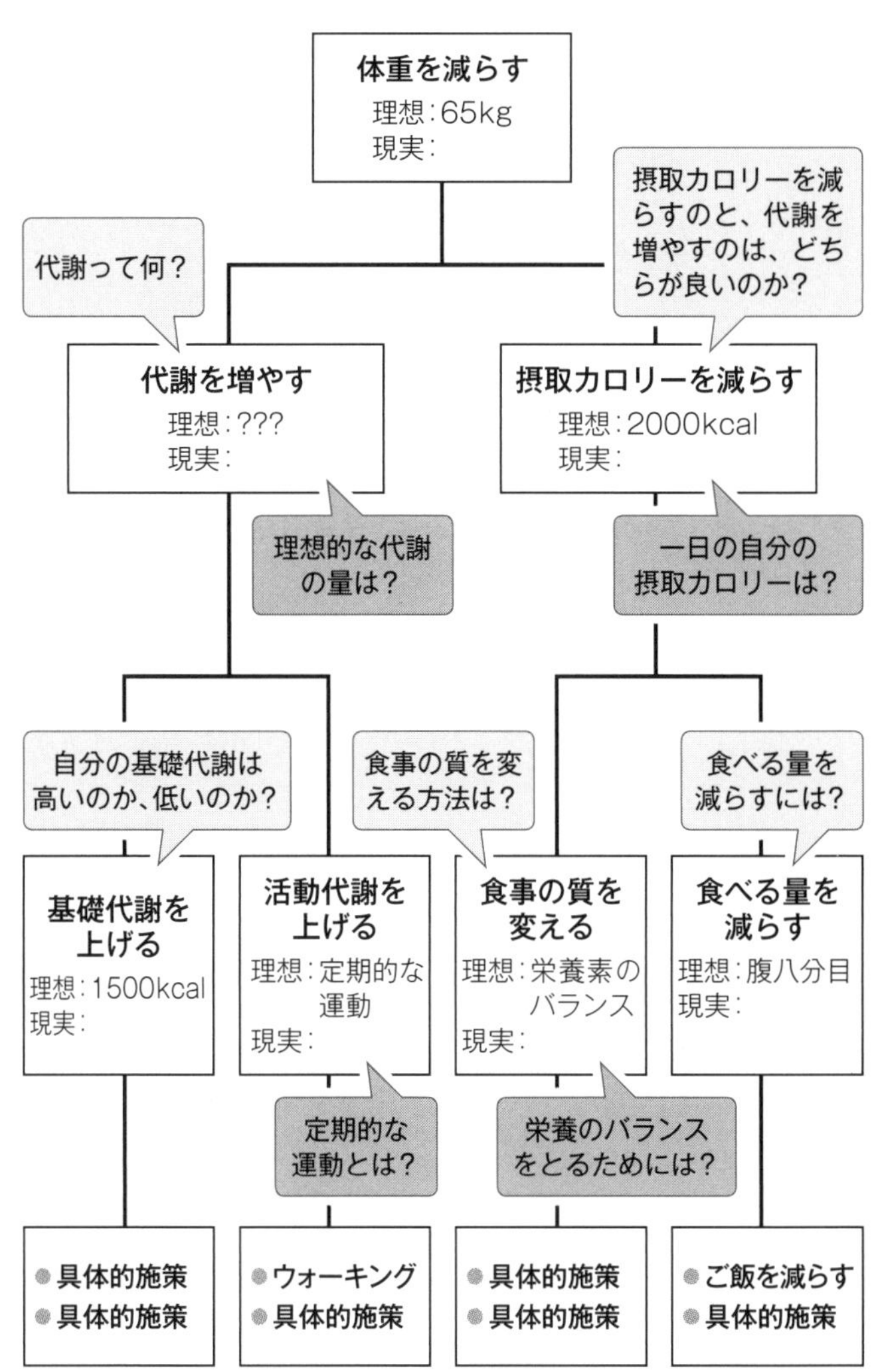
体重を減らす
理想：65kg
現実：
代謝って何？
摂取カロリーを減らすのと、代謝を増やすのは、どちらが良いのか？
代謝を増やす
理想：???
現実：
摂取カロリーを減らす
理想：2000kcal
現実：
理想的な代謝の量は？
一日の自分の摂取カロリーは？
自分の基礎代謝は高いのか、低いのか？
食事の質を変える方法は？
食べる量を減らすには？
基礎代謝を上げる
理想：1500kcal
現実：
活動代謝を上げる
理想：定期的な運動
現実：
食事の質を変える
理想：栄養素のバランス
現実：
食べる量を減らす
理想：腹八分目
現実：
定期的な運動とは？
栄養のバランスをとるためには？
具体的施策
具体的施策
ウォーキング
具体的施策
具体的施策
具体的施策
ご飯を減らす
具体的施策

痩せたい人はこの4つの項目で体重を減らす方法を考える必要があります。

「体重を減らす」という理想の状態は構造化すると126ページの図のようになります。いかがでしょう。少し体重を減らすということの理解が進んだのではないでしょうか。構造化をすると、図のようにこれまでは出てきにくかった様々な問いが生まれます。

あなたはメンバーに指示をする時に、どこまで構造化を意識して抽象的な理想と具体的な施策の間を埋めているでしょうか。

3 level 水準の共有

次に、127ページに示した図のように構造化したそれぞれの要素に水準を入れてみます。「摂取カロリーはどの程度が理想か?」「食べる量はどの程度減らすといいのか?」など、水準を明確にするのです。すると、水準が具体的に設定されたことで、図のようにさらに新たな問いが生まれます。「カロリーについて減らさないといけないのはわかっていたが、理想が2000キロカロリーと聞いて『では今の自分は何キロカロリー取っているのだろう？』と初めて問題意識を持った」「最初、食事を変えましょう、と言われた時にはピンとこなかったが、適正な栄養素のバランスと聞いて『だとしたらどういう栄養のバランスが最適なのか』と疑問が湧いた」というように、水準が明確になることで具体的な問いが生まれます。

あなたはメンバーに指示をする時にどこまで水準を明確にして伝えているでしょうか。

4 episode エピソードの共有

私が若い頃は、食べる量を減らして摂取カロリーを減らす方法と、ランニングをするなどの活動代謝を増やすことが主流だったと思います。一方、最近はライザップや筋トレブームの影響もあり、筋トレして基礎代謝を増やす方法や、食事の質を変えるのが一般的になりつつあります。前述のように構造化することで、ランニングばかりしていた私は、いくら走っても痩せない理由が理解できました。

いかがでしょうか。このように構造化した要素に一つのエピソードを加えることで、具体性が増し、理解が進んだのではないでしょうか。それは自分の記憶にあるイメージと、この話が紐づいたことで、文字情報以外の記憶が引き出されたからです。このように文字情報以外のエピソードを語ることで、さらに新たな問いが出やすくなります。

方針説明でも、エピソードがあるプレゼンテーションとそうではないプレゼンテーションでは、記憶への残り方や理解の質が異なります。指示の上手なマネージャーは、間にエピソードを挟むものです。

5 cost 予算の共有

6 time-bound 納期の共有

次にコストと納期について解説します。1～4の観点は、メンバーが多くの問いを出し視界を広げることを目的とした観点でした。5～7の観点は、問いによって広がった視界の中から適切な答えを導くために視界を絞っていく観点になります。

ダイエットの話の続きになりますが、例えば使って良い金額は月に5000円、体重を5キロ減らすまでに半年などとします。**いつまでに理想の状態を成し遂げないといけない**

のか、それを成し遂げるためにどの程度の時間をかけていいのかを共有することで、制限が加わり、取り組むべきことが絞られてきます。

「月5000円ということは、食事の質を変えるにしても食材は絞られるな」「体重を確実に5キロ減らすとなると、基礎代謝を上げないとダメかもしれないな」という具合です。

7 strategy 方針の共有

最後に方針の共有です。

方針という言葉は曖昧な言葉なので指示の目的、戦略と言い換えて解説します。目的とは、ここでは「何のために体重を減らすのか」です。スッキリした体形になりたいという場合もあるでしょうし、健康診断でメタボリックシンドロームと診断されたから健康のために、という場合もあるでしょう。目的によって施策の選択肢は変わります。スッキリした体形を目指すのであれば、筋トレは逆効果になることもあるでしょう。また健康のためであれば、過度に食べる量を減らさない方がいいかもしれません。このように、**目**

的を考えることは施策を選択する上で大きな役割を果たします。

戦略とは、機会と強みに従って要素を絞ることです。

機会とは「何かをする際の好いタイミング、チャンス」を指します。

例えば昨今のランニングブームにより、自分に合った機能性の高いランニングシューズやウェアは手に入れやすくなりました。また、昔に比べてスーパーフードなどカロリーが低く健康に良い食材が手に入りやすくなったのも一つの機会です。また、スポーツクラブの会費も昔に比べるとずいぶん安くなり、筋トレもしやすくなりました。これも機会です。要素を選択する時には、機会を上手く活かした方が目標を達成する確度は高まります。

一方で、強みに従うとはどういうことでしょうか。例えば、学生時代に部活動をしていて筋力トレーニングの経験があるのであれば、それはあなたの強みになり、基礎代謝を高めることが選択する上で有利に働くかもしれません。

このように、目的や戦略を共有することで、構造化した要素の取捨選択で目線がずれることがなくなるでしょう。目的や戦略については、第３章以降でさらに詳しく解説します。

これまで見てきたように、Reflectsの観点でメンバーと視界を共有していくと、メンバーの視野が広がり、そして注目すべきポイントがマネージャーとメンバーでそろいます。

さらにはReflectsの観点で問いを深めていくと、最終的には目標や指示を遂行する上で考えるべき重要で具体的な問いにたどり着きます。

ここの例であれば「月5000円以内で、半年で基礎代謝を50キロカロリー上げるために、最適な筋力トレーニングとは何か？」といった問いになります。

最初にあった「体重を減らすには？」から、かなり問いが具体化し進化しているのがわかると思います。これが7つの観点の成果です。

この指示や目標を達成する上で導き出した重要で具体的な問いのことをイシューと呼びます。つまり**「Reflectsは、日常の指示といった小さな場面でもイシューを共有しやすくするスキル」**とも言えます。

このようにReflectsで視界を共有することで、メンバーには問いが生まれ、最終的には的を射たイシューにたどり着くことで、自ら施策や行動を導き出せるようになっていきます。

■Reflectsを実際に使ってみる

もう一つ例を見てみましょう。

例えばあなたのチームには今期2名の新入社員が配属されることになりました。そこで新人育成の企画を今年4年目のAさんにお願いすることにしました。

あなたはどのようにAさんに指示を出せばいいでしょうか。

あなたにとって一番ラクなのは「新人育成の企画を任せるから」と、一言Aさんに伝えることです。優秀な人であればマネージャーが多くを語らずとも、それこそ自立的に考え行動するでしょう。

自立的に思考できるメンバーは以下のようにReflectsの観点で自然と考えてくれます。

「新入社員の成長を、いったんこの企画のゴールにしよう」（結果）

「新人が成長している状態とはどういう状態だろうか。いったん、商品知識、コミュニケーションスキル、行動量の3つに分解して考えてみよう」（構造化）

「育成する手段もマネージャーや先輩に同行するだけではなくて勉強会を実施したり、自己研鑽の材料なども考えてあげた方がよさそうだな」（構造化）

「新入社員の成長とはどのレベルをゴールにすべきだろうか？　顧客との折衝が可能なレベルと、いったん置いてみよう」（水準）

「であれば、商品知識やコミュニケーションスキルはどのレベルが求められるだろうか？商品知識は●●のレベル、コミュニケーションスキルは▲▲のレベルを求めよう」（水準）

「自分が1年目の時を思い返してみると、お客様との打ち合わせで出てくる商品の専門用語を知らないで困った経験があるから、それをリスト化してテストをするのもよさそうだな」（エピソード）

「外部セミナーも受けさせたいから、一人年間10万円位の予算があるとありがたい」（予算）

「5月の配属を考えると3月中には部門内で承認が取れているといいな」（納期）

「マネージャーは、どのような背景で新入社員の育成が必要だと思ったのだろう？　そう

いえば、コミュニケーションが大切ということをいつも言っているな」（方針）

これらを踏まえて「新人を成長させるために一人10万円使えるとすると、3月までにコミュニケーションスキルの強みを▲▲のレベルに伸ばすにはどのような選択肢が考えられるか?」といったイシューが生まれます。

そしてこのイシューをもとに具体的な施策を考えて企画を作ります。

しかし、いきなりこのように自立的に思考できるメンバーはほんの一握りです。このようなメンバーには伴走するマネジメントによって日常の指示を行う必要はありません。そうではないメンバーに対して、7つの観点を共有しながら指示を出すことを習慣づけましょう。次第にあなたの指示とメンバーの考えや行動がずれないようになっていきます。

■チームにReflectsを定着させる

ここではチームにReflectsの枠組みを浸透させ、メンバー全員が同じ枠組みで自立的に思考できる状態にする具体的なステップを明記しています。日常の指示で7つの観点を用いて指導することに留まらず、チーム全体の思考の自立を促進しましょう。

STEP1　Reflectsの観点をメンバーに共有する

まずはこの7つの観点をメンバーに共有しましょう。指示を出す側と受ける側で指示を上手く遂行できない理由、自分で考えて行動することができない理由の一つにこの観点のずれがあることを伝え、7つの観点の理解を促しましょう。同時に138ページのようなReflectsのワークシートを配布しましょう。マネージャーが指示をする時やメンバーが指示を受けた時、そしてマネージャーとメンバーで指示内容を共有する時など様々な場面で活用できます。

STEP2　Reflectsの観点で指示を出す

マネージャーを含め、指示を出す側がReflectsの観点でワークシートやメモなどで共有

視界共有のReflectsシート

指示内容	新入社員育成の企画を作成する
1.結果 Result	新入社員の成長
2.構造化 framework	能力別 ●商品知識 ●コミュニケーション Ⓐ ●行動量 手法別 ●実務支援 ●セミナー ●自己研鑽 Ⓑ
3.水準 level	Ⓒ 顧客との折衝が可能 ●商品知識は●●のレベル ●コミュニケーションは▲▲のレベル
4.エピソード episode	Ⓓ 例えば社内用語をリスト化してテストするという施策なども有効
5.予算 cost	Ⓔ 10万円/人
6.納期 time-bound	Ⓕ 3月中の承認
7.方針 strategy	●コミュニケーションスキル重視 ●強みを伸ばす Ⓖ ●多様性の受容は必須
イシュー	新入社員を成長させるために一人10万円を使って3月までにコミュニケーションスキルの強みを▲▲のレベルに伸ばす方法は?
施策・行動	

Reflectsシートを使うことで生まれる新たなる問い

Ⓐ具体的なコミュニケーションとは?
Ⓑ自己研鑽に任せて良いのか?
Ⓒ顧客との折衝だけで良いのか?
Ⓓテストといった強制力があるものは今の時代にマッチするのか?
Ⓔ何にどの程度の予算を割くのか?
Ⓕ前もって巻き込む必要がある人はいるのか?　Ⓖ多様性とは?

して指示を出すようにしましょう。

「指示を受けるメンバーにこの観点で考えさせればいいのでは？」という疑問もあるかもしれません。今いるメンバーのレベルによっても変わりますが、それでは少しハードルを上げ過ぎです。まずは伴走者であるマネージャーがメンバーに視界を共有し、どのような考え方で普段イシューを導き出しているのかの手本を示した方がいいでしょう。マネージャー自身の訓練にもつながるはずです。

STEP3 メンバーにReflectsの観点で考えさせる

Reflectsでの指示を繰り返し行い、メンバーの考える施策や取る行動がずれなくなってきたら、いよいよメンバーにReflectsの観点で自立的に考えてもらうようにしましょう。具体的には抽象的な指示を出した後、Reflectsの観点で整理したワークシートまたはメモをメンバーからマネージャーに提出させるようにします。それを繰り返し、ワークシートの内容がマネージャーとずれなくなってくれば成功です。もしワークシートの内容が何度もずれるようであれば、ＳＴＥＰ２に戻ってまたマネージャーの視界を共有しましょう。

これを習慣づけた先にはマネージャーに限らず顧客から抽象的な問いかけや指示を受けたメンバーが自立的に思考をし、付加価値の高い提案ができるようになるでしょう。遠回りかもしれませんが「指示が上手く伝わらない」「細かい指示になりすぎて言われたことしかやらない」といった状況を回避できるようになります。

ここで紹介したReflectsの観点はマネージャーとメンバーという関係に限らず、顧客との関係でも使用することが可能です。また、「新人育成の企画」や「打ち合わせに向けた準備をする」といった比較的小さな粒の話から、「売上目標●●円を達成する」「生産性を向上させる」といった、チームの目標設定の場面でも活用できます。

第3章以降で、1年間を通じてReflectsを軸にしながらチームの目標をメンバー全員で達成する方法を詳しく説明したいと思います。

column

構造化のバリエーション

ここまでツリーを用いて抽象的なテーマを構造化する話をしてきましたが、ツリー以外でも理想を構造化する枠組みは存在します。例えば、第1章でマネジメントの四つのタイプを説明する時は「ポートフォリオ」を使用しました。

また、三つの自立について説明した際には「集合」という枠組みを使用しました。ここにツリーを含めた代表的な六つの枠組みを並べました。

ツリー：抽象的なテーマを分類、分解する枠組みです。

フロー：手順やプロセスの流れを示した枠組みです。時間の経過に合わせて矢印で要素を結びます。スタートとゴールがあることが特徴です。

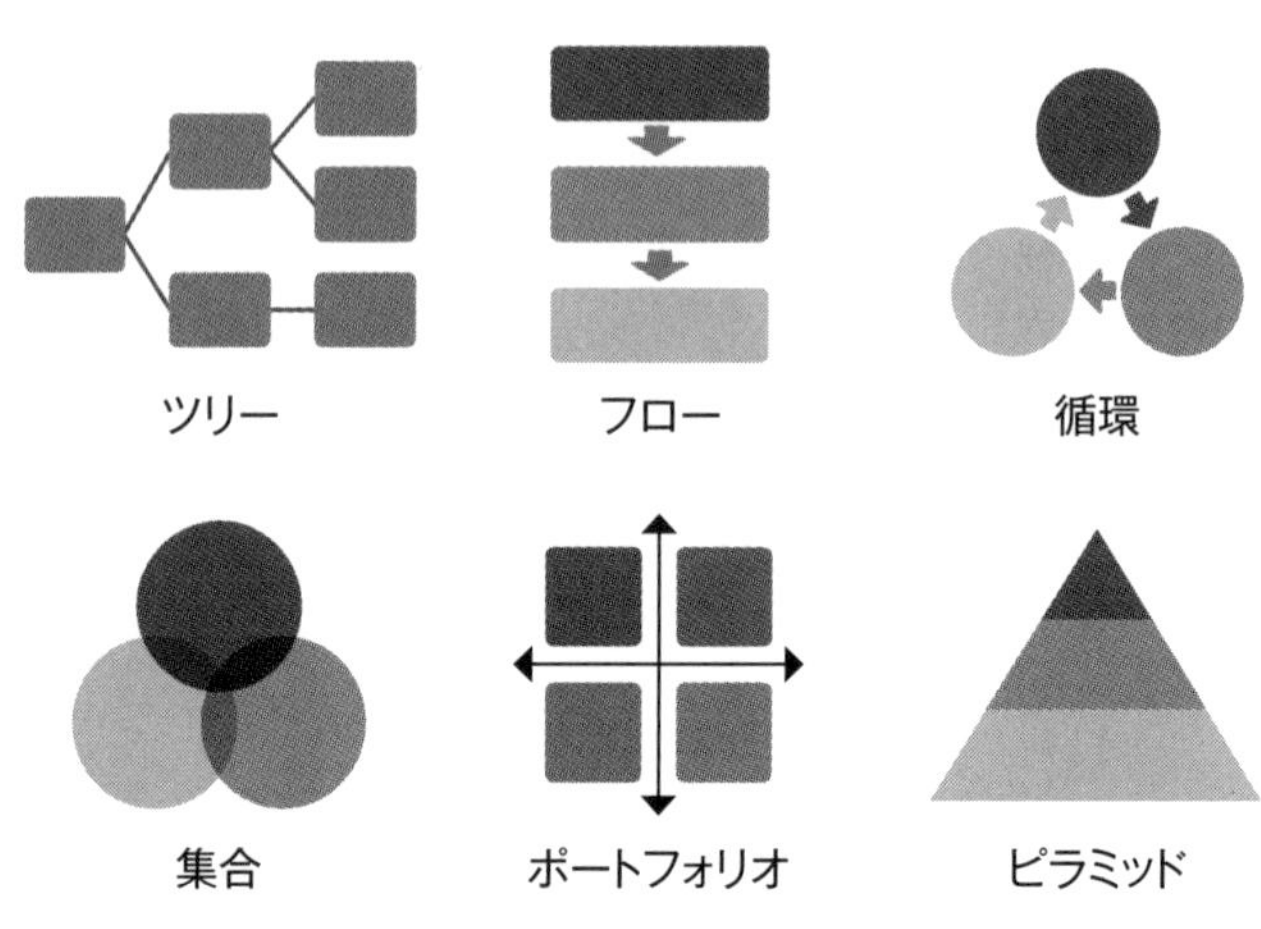

循環：要素が同じ過程を繰り返す時に使う枠組みです。

集合：要素の重なりの重要性を表現する際に使用する枠組みです。

ポートフォリオ：二つの軸を交差することで四つの象限で比較する枠組みです。

ピラミッド：組織の序列や階層を表すヒエラルキー型と基礎となる要素から順に積み上げていく積み上げ型があります。ヒエラルキー型は上下関係と各要素の量（例えば人数）を表現しています。

下位層の方が人数は多いが序列は下であり、上位層になるにつれて人数が減ることを表しています。

一方、積み上げ型は下位層にある基礎

の重要性を表す時に使用します。

ゴールをどのように達成するかを表現するには、ツリーが最も全体像を示しやすく有効ですが、問題意識を醸成する枠組みはほかにもあります。

私は期初の方針を伝達する際にはツリーをメインで共有し、補足としてほかの枠組みを使用するようにしています。一方で日常の指示をする場面ではほかの枠組みを使用することが多いです。

コンサルタントとミーティングをする場面でも優秀なコンサルタントは口頭で説明をせずに必ずホワイトボードなどを使用して図にする癖がついています。そうすることで一気に議論が活性化するからです。

「紙に書いて構造化することに意味があるのでしょうか。口頭ではダメですか」という質問をいただくことがありますが、それは口頭でのコミュニケーションに期待し過ぎです。共感を求めることだけが目的の時には口頭だけでもいいと思いますが、相手の理解を促し適切な問題意識を醸成するためには紙に構造化して書いた方がいいでしょう。

もちろん期初にメンバー全員の前で方針を展開する場面と、ちょっとした指示を1メンバーにする場面では、かけられる手間も変わってくると思いますが、指示の段階で手間を惜しむことで、後々まったく指示内容が伝わっていなかったことを嘆くよりはよっぽどいい、ということをみなさんは知っていると思います。

チーム内のコミュニケーションを口頭ではなく、構造化したメモでやり取りさせるようにするだけで、劇的に認識の齟齬は起きなくなります。

第3章

伴走するマネジメントの実践（1）

守破離の「守」「破」…期初編

前章では、視界を共有するための方法論について説明しました。これは、伴走するマネジメントのための前提です。ここからは、いよいよ実践論に入っていきます。目標達成に向かって、チームの全員が足並みをそろえ、自立的に考えながら成果を上げるための方法です。ここではマネージャーが地図を描いて共有することがカギ。仕事を山登りに喩えながら、解説を進めていきます。

■戦略立案と目標設定、課題解決を重視する

日々のコミュニケーションの中で視界を共有することによって、マネージャーとメンバーの意思疎通は格段に向上します。

いよいよ目標に向かって、足並みがそろっていくことでしょう。

ただ、これだけではまだ万全ではありません。仕事を山登りに喩えるなら、その山は険しく、経験豊富なマネージャーでも、初めて登る山もあります。また、メンバーの登山経

験は様々で、場数を踏んだ人もいれば、未経験の人もいるでしょう。
リーダーであるマネージャーには、山頂を目指すための手段として、８つの選択肢があります。

「目的を語る」
「地図を描く」
「手本を示す」
「課題を解決する」
「道を整備する」
「メンバーに規範を守らせる」
「メンバーと関係をつくる」
「メンバーの意思を尊重する」

どれも大切な方策ですが、すべてを同時に実行する余裕はありません。
あなたがもしマネージャーなら、どのような優先順位、どのような順番で、それぞれの施策を実行しメンバーを山の頂上まで連れて行くでしょうか?

8つの選択肢は、マネージャーが年度の期初に与えられている命題をシンプルに表したものです。山の高さや険しさ、そして天候によってもその対応は変わると思いますが、あなたにはつねに8つの選択肢があり、その中で優先順位をつけながらチームを導くことがマネジメントだと思ってください。

そして現実の登山ではありえませんが、時にマネジメントは2つ以上の山を同時に上ることも求められます。そしてこれがマネジメントをさらに難解にしています。

8つの選択肢をそれぞれマネジメントの機能に置き換えると次のようになります。

事業重視のマネジメント

地図を描く　↓　戦略立案・目標設定

課題を解決する　↓　課題解決

手本を示す　→　率先垂範
道を整備する　→　業務改善

人・組織重視のマネジメント

目的を語る　→　理念浸透
規範を守らせる　→　規範遵守
意思を尊重する　→　キャリア開発
関係をつくる　→　関係構築

「地図を描く」「課題を解決する」「手本を示す」「道を整備する」は事業重視のマネジメント、「目的を語る」「規範を守らせる」「意思を尊重する」「関係をつくる」の4つのマネジメントは人・組織重視のマネジメントと言えるでしょう。

事業重視のマネジメントと人・組織重視のマネジメントの違いは、メンバーの感情への配慮が必要かどうかの違いです。例えばメンバーが人の心を持たないロボットだった場合でも事業重視のマネジメントは必要ですが、人・組織重視の機能は必要ありません。

人・組織重視はシンプルに言うと、「メンバーをきちんと対等な人として扱いましょう」ということです。

あえて「対等な」と書いたのは「自分はきちんと人として扱っている」という人でもいまだに「マネージャー職はメンバー職よりも偉い」と勘違いし、メンバーを上から目線でコントロールしようとしているマネージャーが多いからです。

ただし一方で、人・組織重視のマネジメントだけを実行しても、事業は回っていきません。このことが本書を書こうと考えたきっかけにもなっているのですが、チームメンバーが山登りの目的や心構えを理解し、関係が良好で、時にメンバーの意思が尊重されていれば地図や手本が無くとも未経験者がいる中で険しい山を登れるかと言ったら、そうではないでしょう。

やはり、地図があり、手本があり、道が整備され、課題を解決するプロセスがしっかりとあり、それを牽引するマネージャーの機能が必要になります。

山登りに喩えた8つのマネジメント機能

大切なことは八つのマネジメント機能はすべて大事、という前提に立った上で、マネージャーが何を優先して、それをどのような順番でマネジメントするかということです。

この八つのマネジメント機能は、第1章でご説明した四つのマネジメント・タイプと次ページの図のようにリンクします。それぞれのマネジメントの役割を改めて整理すると次のようになります。

❶指示管理型は、事業における目標設定、指示出しを行いながら適宜状況を把握し課題を解決する（戦略立案と目標設定、課題解決）

❷ビジョン型は、事業の意義、意味に立ち返るとともに、チームでその目的を達成するために必要な行動様式、規範を浸透させる（理念浸透、規範遵守）

❸職人型は、マネージャーのリーダーシップの下、仕事を探求しやり方を伝承、標準化し浸透させる（率先垂範、業務改善）

マネジメントの全体像

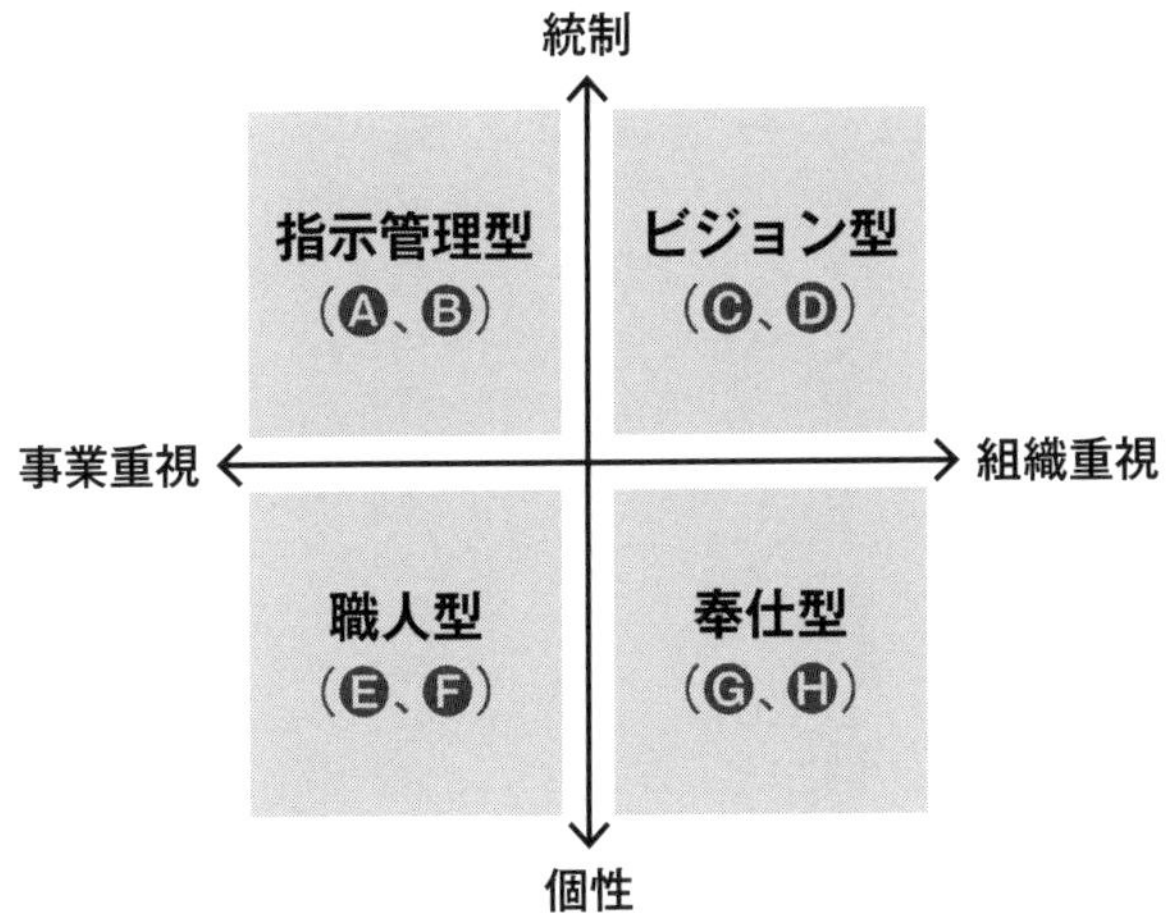

A《**地図を描く**》チームの目標を分類・構造化し、目標までの仮の道を示す（戦略立案・目標設定）

B《**課題を解決する**》課題を特定し、解決に向けた働きかけを行う（課題解決）

C《**目的を語る**》事業の目指す姿や事業の意義や意味をメンバーに浸透する（理念浸透）

D《**規範を守らせる**》チームで目指す姿を達成するための規範をメンバーに説く（規範遵守）

E《**手本を示す**》手本となり率先して動き、事業における結果を出す（率先垂範）

F《**道を整備する**》ナレッジ共有・業務改善を行う（業務改善）

G《**意思を尊重する**》メンバーの意思と仕事の状況をもとに、成長の道筋を共有する（キャリア開発）

H《**関係をつくる**》対話を繰り返し、チーム内の関係を良好にする（関係構築）

4 奉仕型は、多様なメンバーの価値観やキャリ観を尊重し支援する（キャリア開発、関係構築）

八つの機能はどれも大事ですが、指示管理型を基本とする伴走するマネジメントにおいては、**戦略立案と目標設定、課題解決をすべての軸としてマネジメントを展開します。**

■なぜ指示管理型を軸とするのか

第2章で、伴走するマネジメントは**メンバーの自立とチーム目標の達成を両立するマネジメント**であり、**メンバーが問いを出しやすい環境をつくるマネジメント**である、と二つの定義を挙げました。このことに照らして、マネージャーとメンバーが視界を共有することを前提として、目標設定、つまり**地図を描く**ことを最優先ポイントとし、それを踏まえて課題解決をすることになります。

指示管理型を軸とするメリットは主に三つです。

①メンバー全員がビジネスというゲームに集中でき、チームの共通目標に向けてメンバーが協力しやすい
②メンバーの自立を促す習慣、風土をチームに根づかせやすい
③他の3つのタイプを有機的に結びつけやすく、チームで混乱が起こりにくい

奉仕型は、個人を尊重するマネジメントです。それ自体は大切なことですが、それが行き過ぎるとマイナス面が出てきます。あくまでチーム目標を達成することが大事であるとするなら、戦略立案・目標設定をより重視する指示管理を前面に出すのが合理的です。

私達はビジネスというゲームをチームでプレーするプレイヤーの集まりです。そのプレイヤー一人ひとりが自分のキャリアをつくることを優先し、協力関係を後回しにする、とすれば、それは本末転倒でしょう。指示管理型を軸にすることで、ビジネスというゲームで勝つことを目的としたチームに、より近づくことができます。

メンバーの自立を促すことは指示管理型の専売特許ではありません。四つのタイプそれぞれがメンバーの自立を促すことに寄与します。ただし、メンバーの自立は一朝一夕で成し遂げられるものではありません。チーム全員を自立に導くには、少なくとも1、2年はかかるでしょう。指示管理型は実務との紐づきが強いため、実務を進めながら早期にメンバーの自立を習慣化することが可能です。

変化が激しい時代にあって、今の多くの組織は四つのタイプの施策がバラバラに実行され、少なからず職場に混乱が起きやすくなっています。ただ、指示管理型を軸にすることで四つのタイプを有機的に結びつけやすくなります。視界を共有することを前提に、戦略立案・目標設定を強く打ち出すことは、ビジネスのゲームにおいて先手を取るのに最適です。勝ちパターンをつくっておけば、期中に個を尊重するゆとりも持てます。他のタイプのいいとこ取りができる、ということです。

一番良くないのは、地図も示さずに、かつ一人ひとりを十分にサポートすることもせずに、メンバーをフィールドに押し出してしまうことです。「いいからやれ！」が通用しない時代になったことは、説明するまでもありません。地図を渡し、プロセスでのサポートを欠かさない。状況に応じて地図を描き直して共有する。それが指示管理型を基本とする伴走するマネジメントの真骨頂です。

■伴走するマネジメントの守破離

ここからは、伴走するマネジメントの実践に入っていきます。その実践は、159ページの図のように指示管理型を軸にして前に述べた8つの機能を期初と期中に分けて守破離の順に進めていきます。守破離とは、第1章の最後にも説明しましたが剣道や茶道などで、修業における段階を示したものです。

「守」は、師や流派の教え、型、技を忠実に守り、確実に身につける段階。

「破」は、他の師や流派の教えについても考え、良いものを取り入れ、心技を発展させる段階。

「離」は、一つの流派から離れ、独自の新しいものを生みだし確立させる段階。

本章では、期初に実践するべき守破離の「守」と「破」について解説していきます。やや複雑になりますが、図に示した通り、期初の守破、期中の守破、そして期初と期中の離、という順に本文を進めます。「離」は守破とは独立した施策と考えられるので、切り分けて説明します。

全体として、守破離の「守」としてチーム目標攻略の地図を描き、その上で「破」でビジョン型の「目的を語る」、奉仕型の「意思を尊重する」、職人型の「手本を示す」といった考え方を地図に取り入れます。指示管理型の地図を描くだけでも理論上、期初のマネジメントは成立しますが、他タイプの3つの考え方を取り入れることで、地図によるマネジメントの「あり方」と「やり方」の深化を図ります。

それでは、すべての起点となる地図を描く方法から見ていきましょう。

伴走するマネジメントの全体像

	期初		期中		4タイプの位置づけ
守 軸を極める	チーム目標攻略の地図を描く	3章	課題解決を高速回転させる	4章	指示管理型／ビジョン型／職人型／奉仕型
破 弱点を克服する	目標の目的を魅力的に語る	3章	課題解決に規範を取り入れる	4章	指示管理型／ビジョン型／職人型／奉仕型
	地図づくりにメンバーを巻き込む	3章	個別課題を解決する	4章	指示管理型／ビジョン型／職人型／奉仕型
	率先垂範する領域を決める	3章	ナレッジをシェアする	4章	指示管理型／ビジョン型／職人型／奉仕型
離 幅を広げる	理念を策定する	5章	理念を浸透する	5章	指示管理型／ビジョン型／職人型／奉仕型
	キャリア面談を行う	5章	1 on 1を習慣にする	5章	指示管理型／ビジョン型／職人型／奉仕型
	業務改善に着手する	5章	新領域に専念する	5章	指示管理型／ビジョン型／職人型／奉仕型

■守　チーム目標攻略の地図を描く

地図とは、第2章でお伝えしたReflectsの七つの観点を用いてメンバーとチーム目標をゴールとした視界を共有するためのものです。地図によって、チーム目標達成に向けたメンバーの問題意識が生まれやすくなり、日常の指示よりも高い視座、広い視野でメンバーの思考の自立を促すこともできます。

162ページに示した図Aは、あるチームの売上高の達成をゴールにしたもので、期初に描いて欲しい地図の一例です。いきなりこのような精緻な地図は描けない、と思われるかもしれません。ですが、心配は無用です。以下に順を追って、地図の描き方を説明します。目標攻略の地図を描きマネジメントのスタートを切る手順は次の10のステップです。1～6については、第2章でお伝えしたReflectsの観点を使います。第2章では、日々の指示における視界共有についてReflectsを使いましたが、ここではチーム目標という大きなテーマをゴールとした視界共有を行います。

1 チーム目標を結果で示す（Result）
2 チーム目標を構造化する（framework）
3 方針（事業戦略）を反映させる（strategy）
4 達成する水準を決める（level）
5 施策例をエピソードで伝える（episode）
6 コストと納期を共有する（cost・time-bound）

←Reflectsの視点→

7 施策を洗い出す
8 施策の優先順位を決定する
9 役割分担を行う
10 施策ごとにタスクを細分化しスケジュールを決める

1 チーム目標を結果で示す（Result）

まずは今年1年のチームの目標を言語化しましょう。

施策

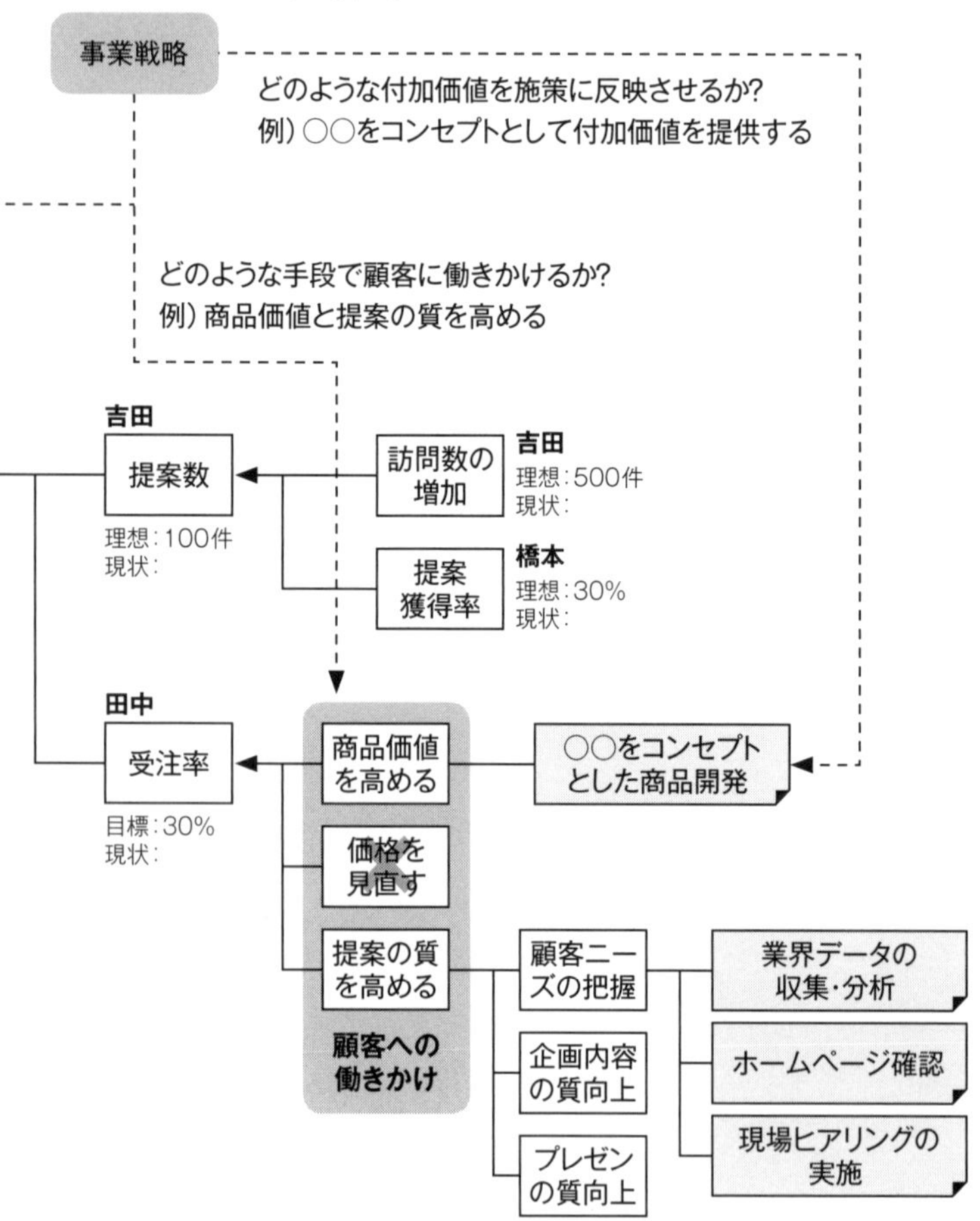
外部環境の機会に対して
自社の強みをどのように活かすか?
事業戦略
どのような付加価値を施策に反映させるか?
例）○○をコンセプトとして付加価値を提供する
どのような手段で顧客に働きかけるか?
例）商品価値と提案の質を高める
吉田
提案数
理想：100件
現状：
訪問数の増加
吉田
理想：500件
現状：
提案獲得率
橋本
理想：30%
現状：
田中
受注率
目標：30%
現状：
商品価値を高める
価格を見直す
提案の質を高める
顧客への働きかけ
○○をコンセプトとした商品開発
顧客ニーズの把握
企画内容の質向上
プレゼンの質向上
業界データの収集・分析
ホームページ確認
現場ヒアリングの実施

図A

目標攻略の地図とは?

目標　　目標の構造化

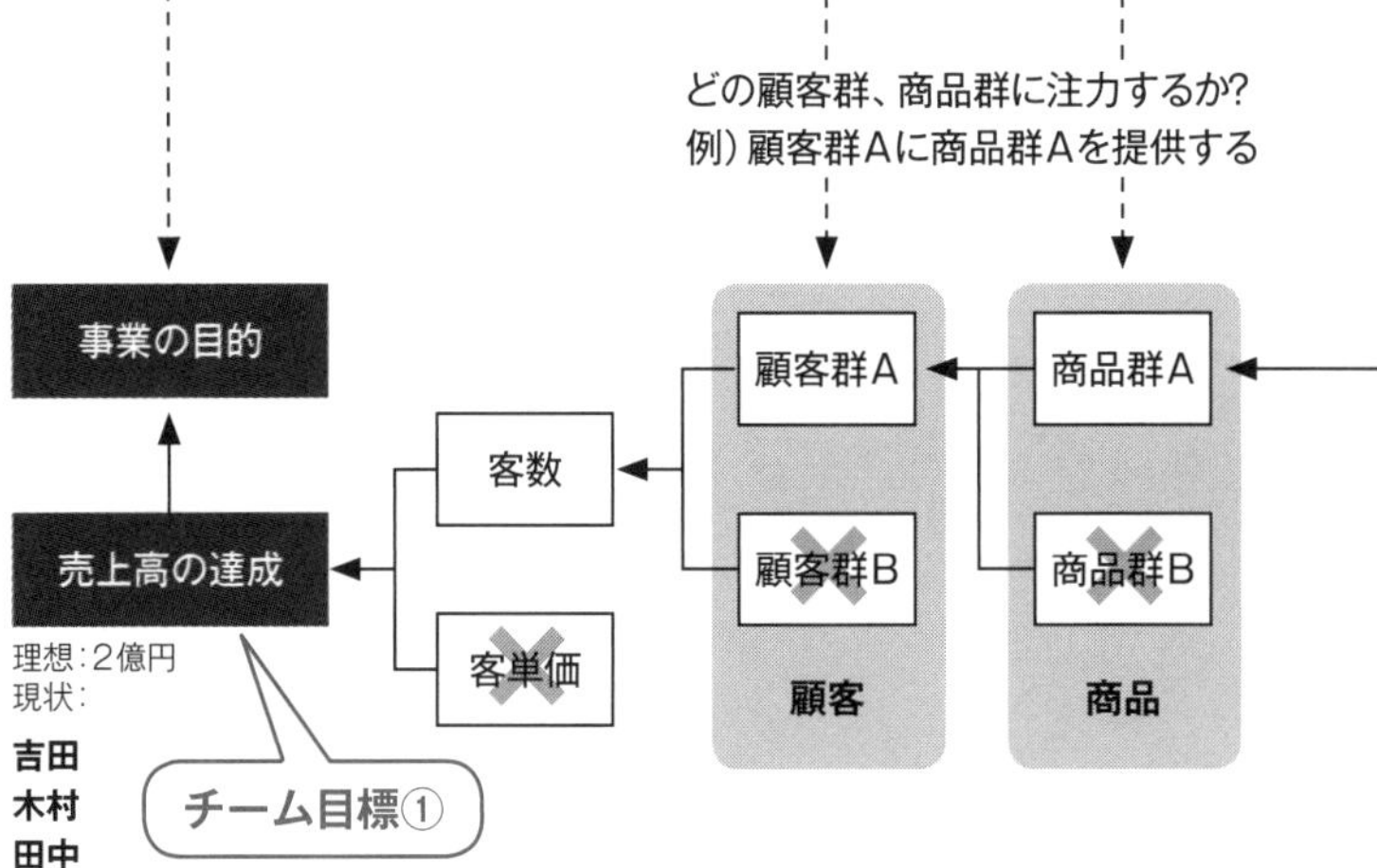

売上高のような数値目標の無いチームでは、目指すべきテーマや課題を書きます。「生産性の向上」「業務のＤＸ化による生産性の向上」「環境領域での新規テーマの探索」などがこれにあたります。

第2章でも触れましたが、チームによっては結果を追っているようで、その実、追っていない、ということもありそうです。例えば「会社の業務管理システムを刷新する」「人事制度を改編する」「○○プロジェクトを完遂する」などがこれにあたります。挙げられがちな目標ですが、システムを刷新することや制度を改編することは、結果ではなくあくまで結果を出すためのプロセスであり施策です。

「うちのチームの目標を結果にするとなると、もう会社方針とか会社のビジョンになってしまうよ」。ある人事のチームリーダーから言われた言葉です。その方は、当初「人事制度の再構築」をチーム目標としていました。

そこで私からは「であれば、会社方針でかまいません。人事部は経営者と同じ視座で問題意識を持つべきなのでいい機会になるのではないでしょうか。ちなみに人事制度を再構築することによって得られる経営のメリットとは何ですか？　そこから遡ってメンバーが考えられるようになることで、メンバーが自ら考えて制度の再構築に携わるようになりますよ」とお伝えしました。

このようにメンバーだけではなく、マネージャー自身も目標設定の段階から目の前の施策に目が行き、自然と視座が下がってしまうことがあるので注意が必要です。

ご紹介した地図ではチーム目標を売上達成としていますが、チームの目標は一つとは限りません。

「今期は既存のマーケットで売上2億円を達成することに加えて、来期を見込んで新領域への進出の準備を行う」というケースだったり「売上目標は当然達成する必要はあるが、生産性向上にも取り組んでいくことが求められている」などという場合もあると思います。

チーム目標のパターンを対立概念で整理すると次のようなものがあります。

「事業の目標」と「組織の目標」
「短期の目標」と「中長期の目標」
「定常業務の目標」と「革新的業務の目標」
「業績向上の目標」と「生産性向上の目標」

「推進の目標」と「探索の目標」

「0→1（事業創造）の目標」と「1→100（事業拡大）の目標」

このように、二つの山ならぬ二つ以上の目標を追わなくてはならないチームは少なくありません。そのような場合は、二つないしは三つのチーム目標をゴールとした地図を描く必要があります。

2 チーム目標を構造化する（framework）

チーム目標が決まったら、次にそれを構造化してみましょう。

先に挙げた図Aは地図の完成形でしたが、図Bは、その最初の段階です。「売上高の達成」という目標を決め、どのようにしてそれを実現するかを

図B

Result 目標　　**目標の構造化**

構造化して書き入れていきます。

ツリーに限らず抽象的な目標を分けるパターンは、169ページの図のように4パターンしかありません。

分類（空間軸）：分類した要素を合計すると左側の要素になる

分類（時間軸）：分類した要素を順番に遂行することで左側の要素を実現する

分解（要素×要素）：二つの異なる種類の要素に分ける

分解（全体×比率）：全体と比率で分ける

まずはチームの目標を四つのパターンで分類、分解してみるところから始めましょう。

最初は上手くいかないかもしれませんし、きちんと分類できているか不安になるかもしれませんが、それで全然かまいません。

描いた地図に従って進んでみて、間違っていたら書き直す。これを1年繰り返していくうちに、より良い地図になっているはずです。大切なのは完璧な地図を目指すことではなく、メンバーを巻き込んで地図を進化させながら、マネージャーもメンバーも成長していくことです。マネージャー自身のトレーニングにもなりますので、まずは気楽な気持ちでスタートさせましょう。

分け方がわかったところで「売上高を伸ばす選択肢には、どういう選択肢があるだろう?」と自問自答してみてください。

「まずは顧客を増やさないといけないな」
「しかし顧客を増やすために安売りしたら結局売上は上がらないな」
「ということは客数を増やすことと客単価を増やすことの両方が大切なんだな」

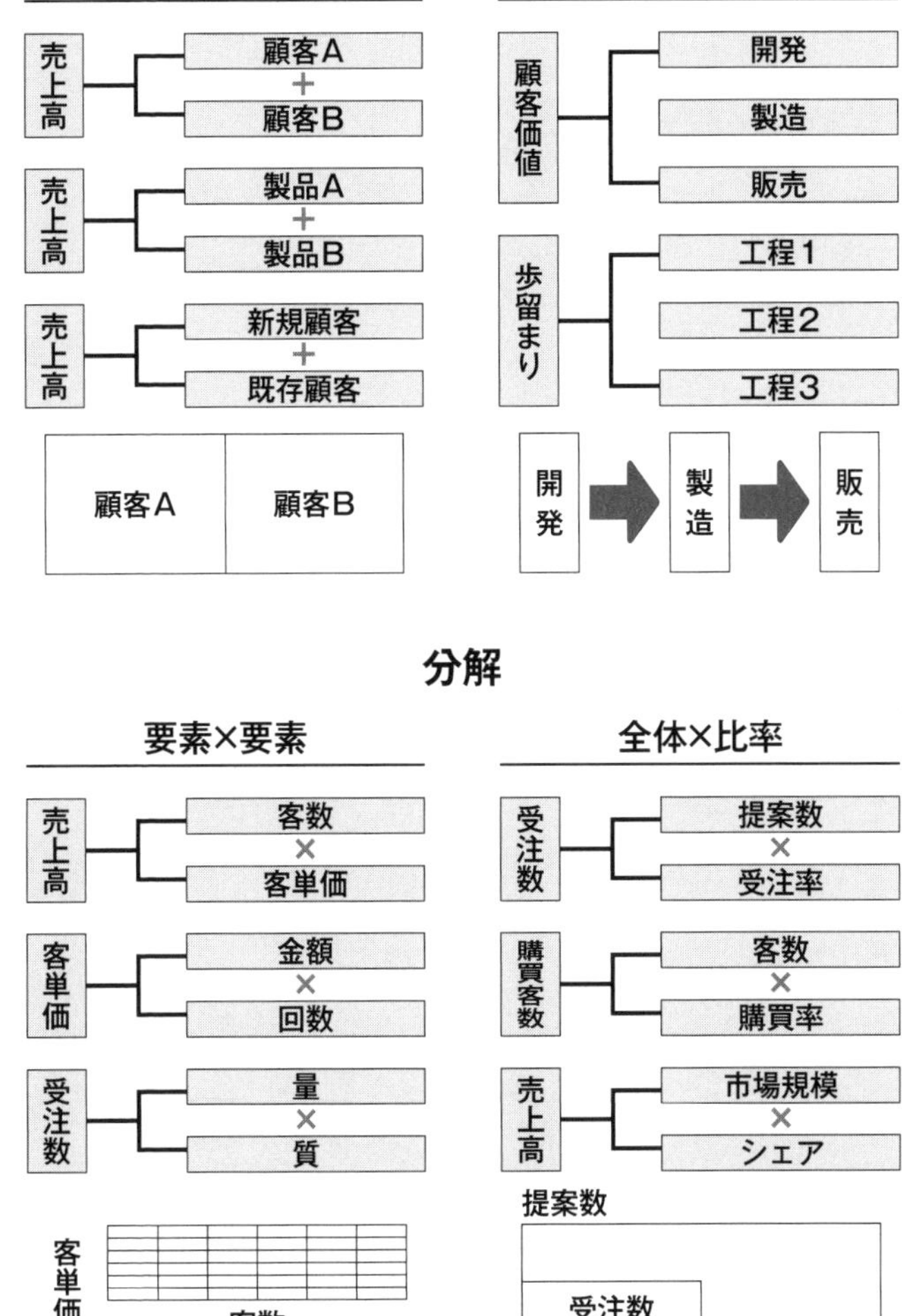
分類
空間軸
時間軸
売上高
顧客A
+
顧客B
売上高
製品A
+
製品B
売上高
新規顧客
+
既存顧客
顧客A
顧客B
顧客価値
開発
製造
販売
歩留まり
工程1
工程2
工程3
開発
製造
販売
分解
要素×要素
全体×比率
売上高
客数
×
客単価
客単価
金額
×
回数
受注数
量
×
質
客単価
客数
受注数
提案数
×
受注率
購買客数
客数
×
購買率
売上高
市場規模
×
シェア
提案数
受注数

施策

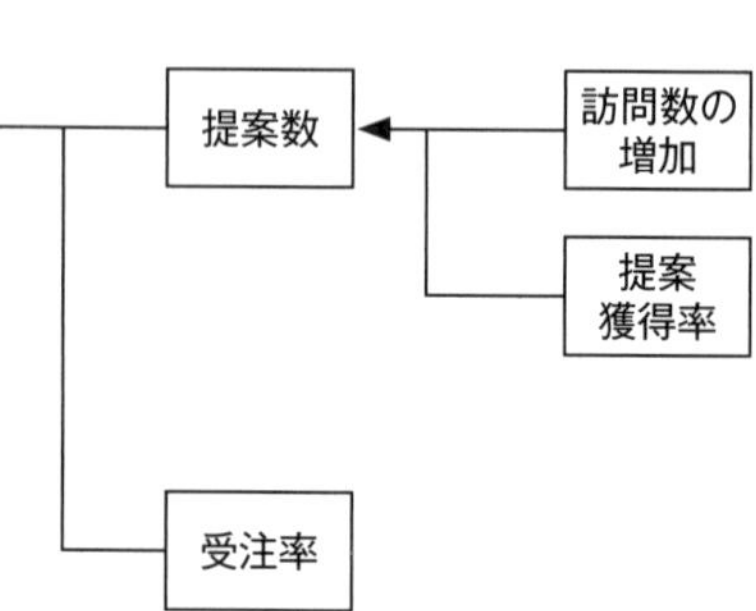

このように四つの分類方法と合わせて、具体的な場面をイメージして考えると分類が進みます。図Cに示したように、売上目標を達成するための要素を客数と客単価に分け、それぞれを増大させるための方法を検討し、地図に書き加えます。

売上を客数と客単価に分けてメンバーに提示するだけでも、メンバーの問題意識は、ただ「売上を上げろ」と言われた時よりも一段階上がります。

「売上を上げるために、みなさん自分で知恵を働かせて頑張りましょう!」と伝えても、メンバーの頭の中に生まれる問いは「売上を上げるには?」だけです。

そこで「売上は客数と客単価に分けられる」と

図C

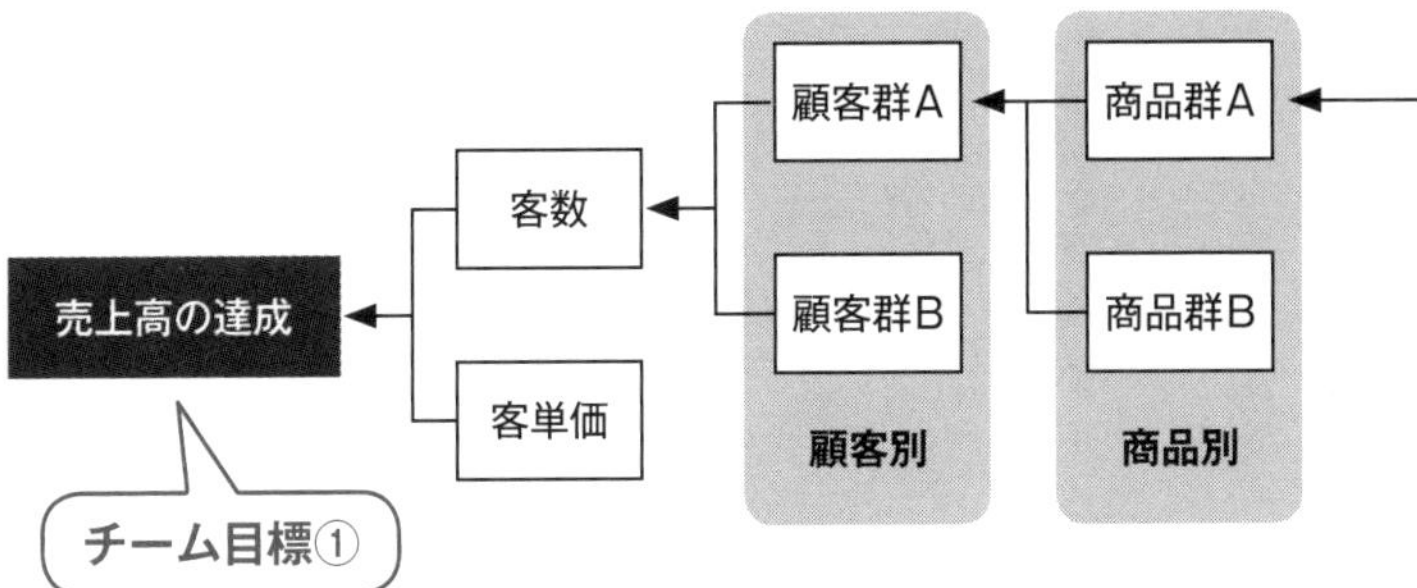

示すと、メンバーの頭の中で「客数を増やすには？」「客単価を増やすには？」という問いに加えて、新たな問いが生まれます。もう少し若い世代の買い物客を増やすにはどうすればいいんだろう？」「若い世代を増やすのであれば、チラシなどをアプリケーションで定期配信できるようにした方がいいかもしれない」「若い世代が興味を持つ高単価の商品は何だろう？」などを自立的な思考につながっていきます。

地図を描く上で注意すべきことは、結果の構造化に徹して、すぐに施策に飛びつかないことです。「こんな施策をやった方が良い」「まずはこの施策から取り組むべき」というように、経験豊富なマネージャーであれば、即座に目標を達成するための良い施策を思いつくでしょう。しかし、そこはぐっと我慢してツリーを構造化することに努めましょう。あなたが施策を伝えてメンバーに指示を出せば、すぐに売上につながるかもしれませんが、長期的に見ればメンバーが自立的に施策を考える機会を奪ってしまうことになるからです。まずは、いろいろなパターンで構造化をしてみましょう。

分類を進めていくうちに、これ以上分類が思いつかないということもあると思います。図Cでは「受注率」を上げる方法のところで、チームの考えが止まってしまいました。

このような時は、次の5つの方法で考えてみてください。

①経験からイメージする（成功）
②失敗の原因を探る（失敗）
③相手の立場で評価してみる（評価）
④比較をしてみる（比較）
⑤ネットの情報を参考にしてみる（参考）

①経験からイメージする（成功）

「受注率の高い人は普段どういう活動をしているだろう?」という風に、まずは上手くいっている人がどういう人なのか、上手くいっている場面はどのような場面なのかを考えてみます。「やはり相手のニーズをしっかり把握できている人だな」とか「相手と関係を上手くつくれている人だな」というように答えが出てきます。

②失敗の原因を探る（失敗）

「提案しても受注できない理由って何だろう?」という風に、今度は受注率が高まらない理由を考えてみます。①できる理由を考え、②できない理由を考えるという具合に、表と裏から考えてみてください。

③相手の立場で評価してみる（評価）

次に「受注する時、お客様は何をもとに判断しているのだろう?」「自分がお客様だった

施策

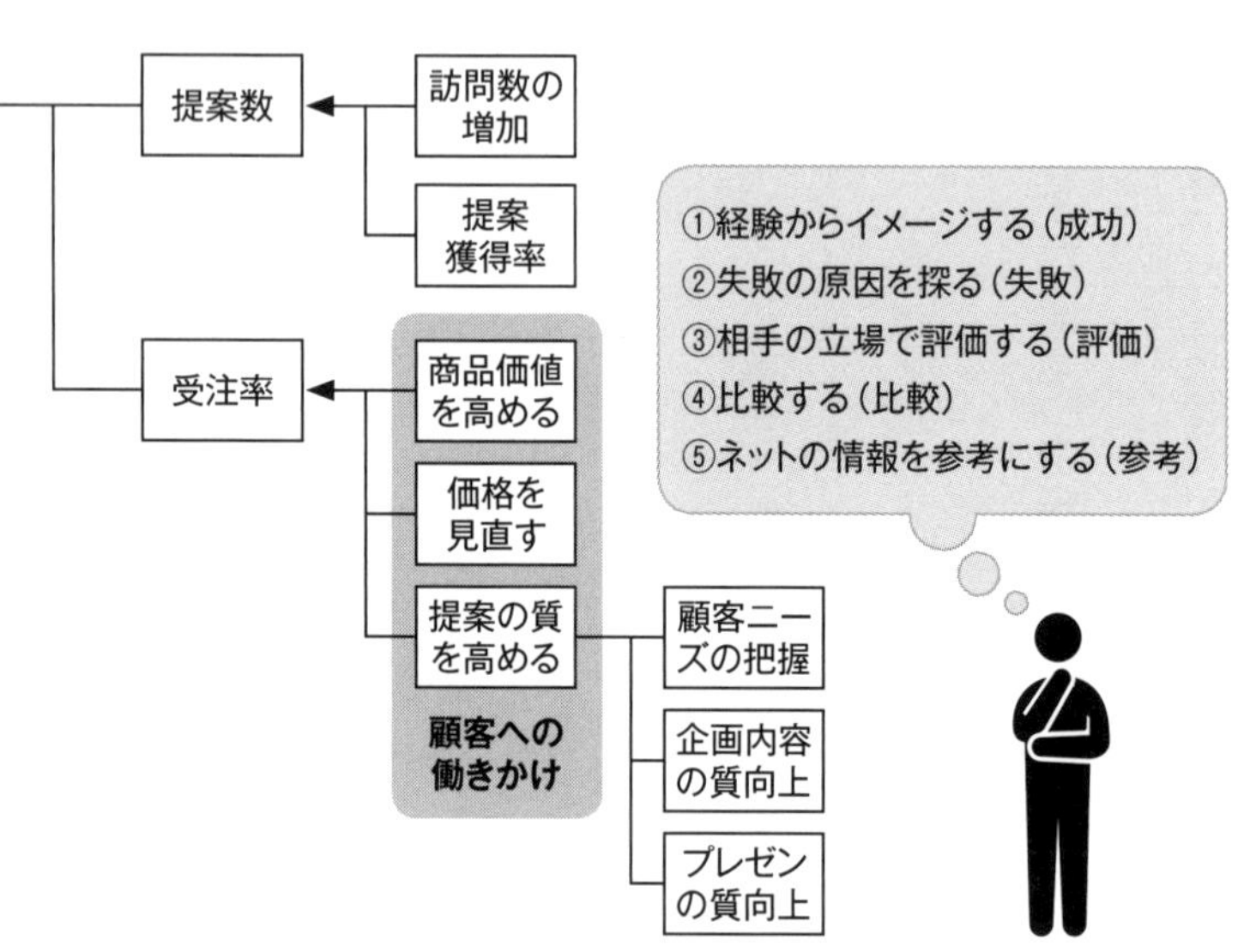

ら提案をもらった時に何を判断基準にするだろう?」というように立場を変えて考えてみます。「自分だったら契約後に誠実に対応してくれるかどうかを見るな」というように、相手の立場を自分に置き換えて考えてみると、別の答えが出てくるかもしれません。

④比較をしてみる（比較）

「受注率の高い人と低い人は、どのあたりに違いがあるだろうか?」。①②と似てい

図D

Result 目標　　**framework 目標の構造化**

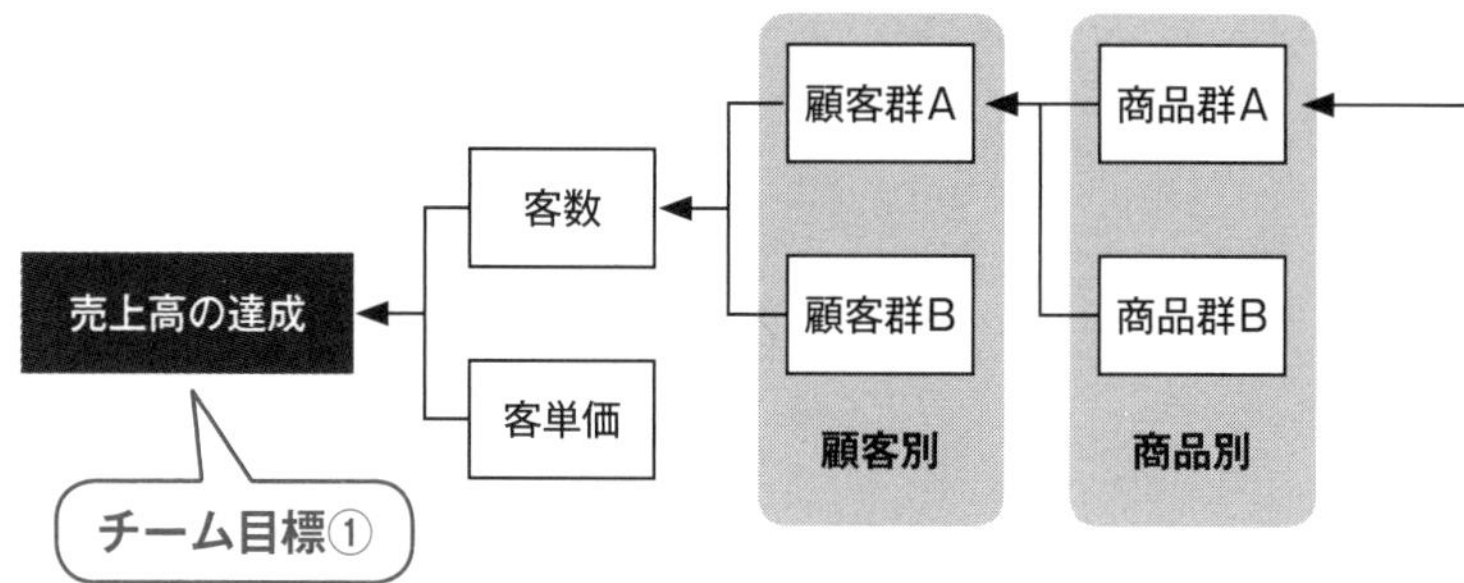

ますが、今度は受注率が高い人と低い人を比較してみましょう。比較をしてみることで、よりイメージが膨らみ、新しい答えが出てくる可能性が高まります。

⑤ネットの情報を参考にしてみる（参考）

そして最後にネットで「受注率を高めるには？」という記事を探して参考にします。昨今話題のＣｈａｔＧＰＴなどのＡＩのアプリケーションに質問してみるのもいいかもしれません。周囲の人に①～④の質問をしてみてもいいでしょう。

これら五つに特に順番はありません。最初からネットで検索をしてもまったく問題ありません。このように思考してみた結果、「商品価値を高める」「価格を見直す」「提案の質を高める」という方法が浮かび上がり、それを図中に加えました（図D）。

時々「これってロジカルシンキングですよね。これなら研修で学んだのでわかっています」というマネージャーにお会いします。そこで私から「このようなツリーを期初につくって、メンバーに共有し議論していますか？」と聞くと、共有できていないことが多いようです。中には研修で学んだだけで、実践では課題解決の場面ですら使ったことがない、という人も大勢います。

伴走するマネジメントでもチーム目標を構造化する場面でツリーを使うことが多いのでそのような反応が出るのですが、ロジカルシンキングとは目的が異なります。ロジカルシンキングは比較的、個人で課題解決やロジカルなプレゼンを行う際の思考スキルとして用

	目的	具体的な手法
伴走するマネジメント	●チームの視界共有	●様々な構造化の枠組み
ロジカルシンキング	●問題解決 ●ロジカルプレゼンテーション	●ロジックツリー ●ピラミッドストラクチャー

いられます。一方、伴走するマネジメントでは、ツリーはチームの視界共有のために用いられるツールです。地図をつくり共有する時にもロジカルであることは大切ですが、あくまで視界を共有することが目的であることを忘れないようにしましょう。

3 方針（事業戦略）を反映させる（strategy）

ここまでチーム目標を構造化してきました。これが目標達成のための地図のベースになります。

次に、作成したツリーの要素にチームの戦略を反映させましょう。第2章でも戦略については簡単に説明をしましたが、ここではもう少しだけ詳しく説明をします。

戦略という言葉は世の中でいろいろな場面で使われるので明確な定義が難しくなってきています。マネージャーのみなさんも、上司から「戦略を決めろ」「戦略的に考えろ」とだけ言われて「戦略？？？」となった方もいるのではないでしょうか。

本書において戦略とは**「顧客獲得の機会（チャンス）に対して自社の強みをどのように活かすかを決めるもの」**と定義します。伴走するマネジメントの地図において、戦略は次の三つの場面で使用します。

①顧客や商品のターゲットを絞る
②自社機能の強みを決める
③事業やサービスの付加価値を明確にする

①顧客や商品のターゲットを絞る

「どの顧客や商品に絞って活動するか」を決めることです。例えば自社の商品の中で「今期は戦略的にこの商品を売り込んでいく」「この顧客群にポテンシャルがあるのでターゲットとする」という文脈で出てきます。182ページの図Eのように、顧客群や商品群を絞ることを戦略と呼んでいます。

②自社機能の強みを決める

例えば、「価格の競争力は競合他社と拮抗しているので、うちのチームはサービスで勝負をするべきだ」などという文脈で出てきます。182ページの図Eでは顧客への働きかけとして「価格を見直す」という方法は取らず、商品価値と提案の質で勝負する、としました。

③事業やサービスの付加価値を明確にする

顧客獲得の機会に対して事業やサービスの付加価値を明確にすることです。「弊社では環境対応を付加価値としたサービスを開発する」といった文脈で出てきます。このサービスの付加価値は、図の中では事業の目的や商品開発、提案内容に反映しています。

このように、地図を描きながら要素の取捨選択をすること、要素の内容を充実させること自体が、戦略をチーム運営に反映させることにつながります。

そうすることで「チームの戦略があるのかないのか」「チームの戦略がしっかりと意思決定に反映されているのか」「日々取り組む施策に反映されているのか」が可視化され、メンバーにも共有されます。時々メンバーから「うちのチームは戦略がない」という不平不満を聞くことがあります。一方でマネージャーに聞いてみると「戦略は期初に伝えている」と言います。

そのギャップは、一つの地図上で視界が共有されておらず、資料やデータが散在してメンバーの記憶に残っていないことも要因の一つです。

「戦略なんていう偉そうな言葉を使っていますけど、結局は誰に何を提供するかを決めることですよね」。以前お手伝いしていた会社で、あるマネージャーに言われたことです。非常に本質をついていたので、今でも記憶に強く残っています。

4 達成する水準を決める（level）

次に184ページ図Fのように、各要素の達成水準を決めましょう。数値データを収集できるようであれば達成水準の数値化にこだわるのもいいと思います。近年はＩＴの進化によって、データ活用が比較的安価でしやすい時代になってきています。数値で示すことで目標設定の視界共有や課題解決の納得感が醸成できるので、積極的に取り入れていきましょう。

ただし強引に数値化して要素の良し悪しが評価できないようであれば本末転倒です。数値化が難しい場合は、必ずしも数値にする必要はありません。大切なのは、マネージャーとメンバーでズレが生じやすい要素については、しっかりメンバーと認識をすり合わせておくことです。

5 施策例をエピソードで伝える（episode）

メンバーに地図を開示する時には、必ずエピソードとして語りましょう。例えば次のように語ります。

「私が昔、駆け出しの営業だった時、まったく数字が上がりませんでした。どうしていいかわからない状況で、同行してもらった先輩にお客様の情報について質問を受けます。『売

施策

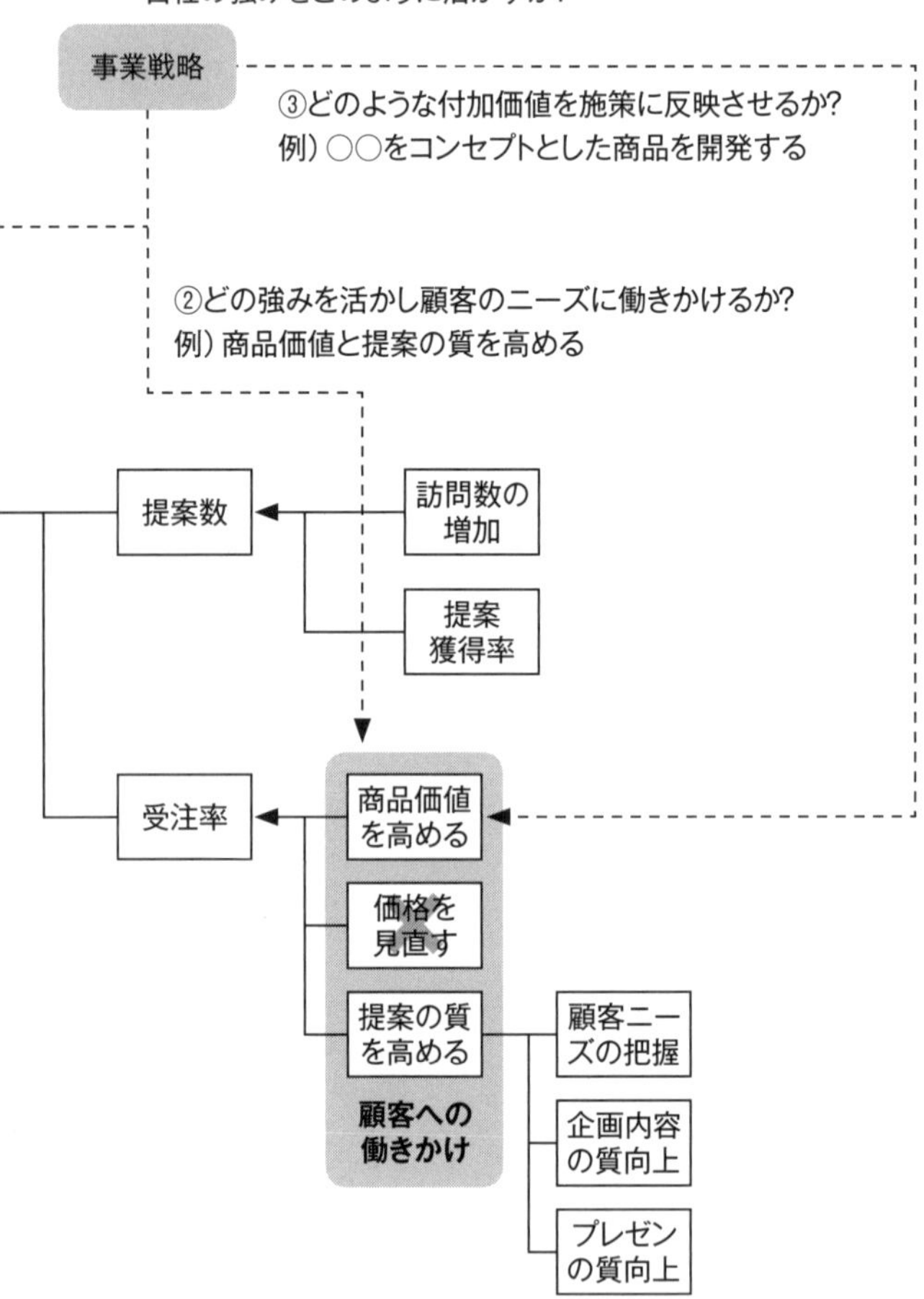
戦略＝外部環境の機会に対して
自社の強みをどのように活かすか?
事業戦略
③どのような付加価値を施策に反映させるか?
例）○○をコンセプトとした商品を開発する
②どの強みを活かし顧客のニーズに働きかけるか?
例）商品価値と提案の質を高める
提案数
訪問数の増加
提案獲得率
受注率
商品価値を高める
価格を見直す
提案の質を高める
顧客への働きかけ
顧客ニーズの把握
企画内容の質向上
プレゼンの質向上

図E

Result 目標　　**Framework** 目標の構造化

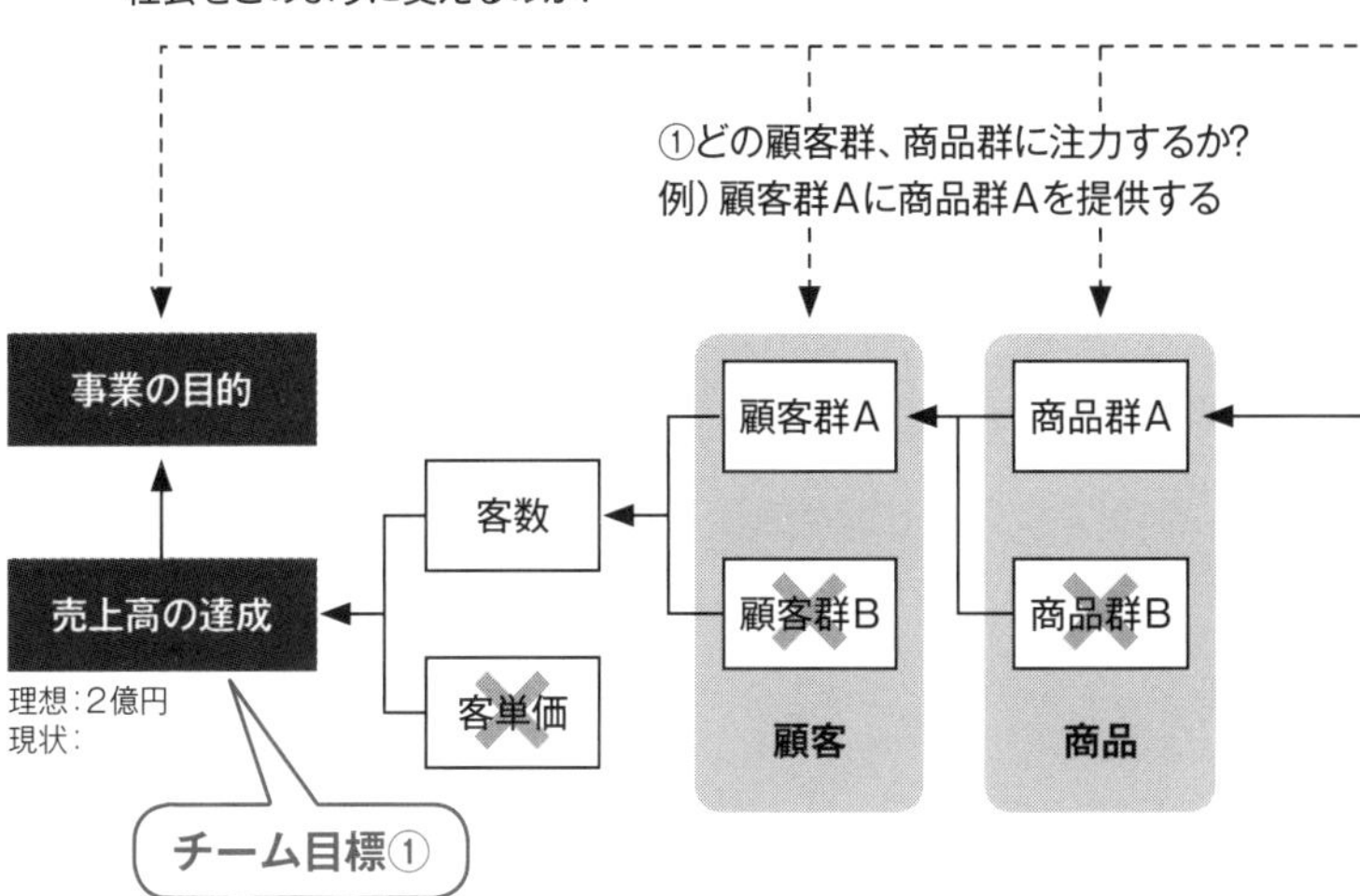

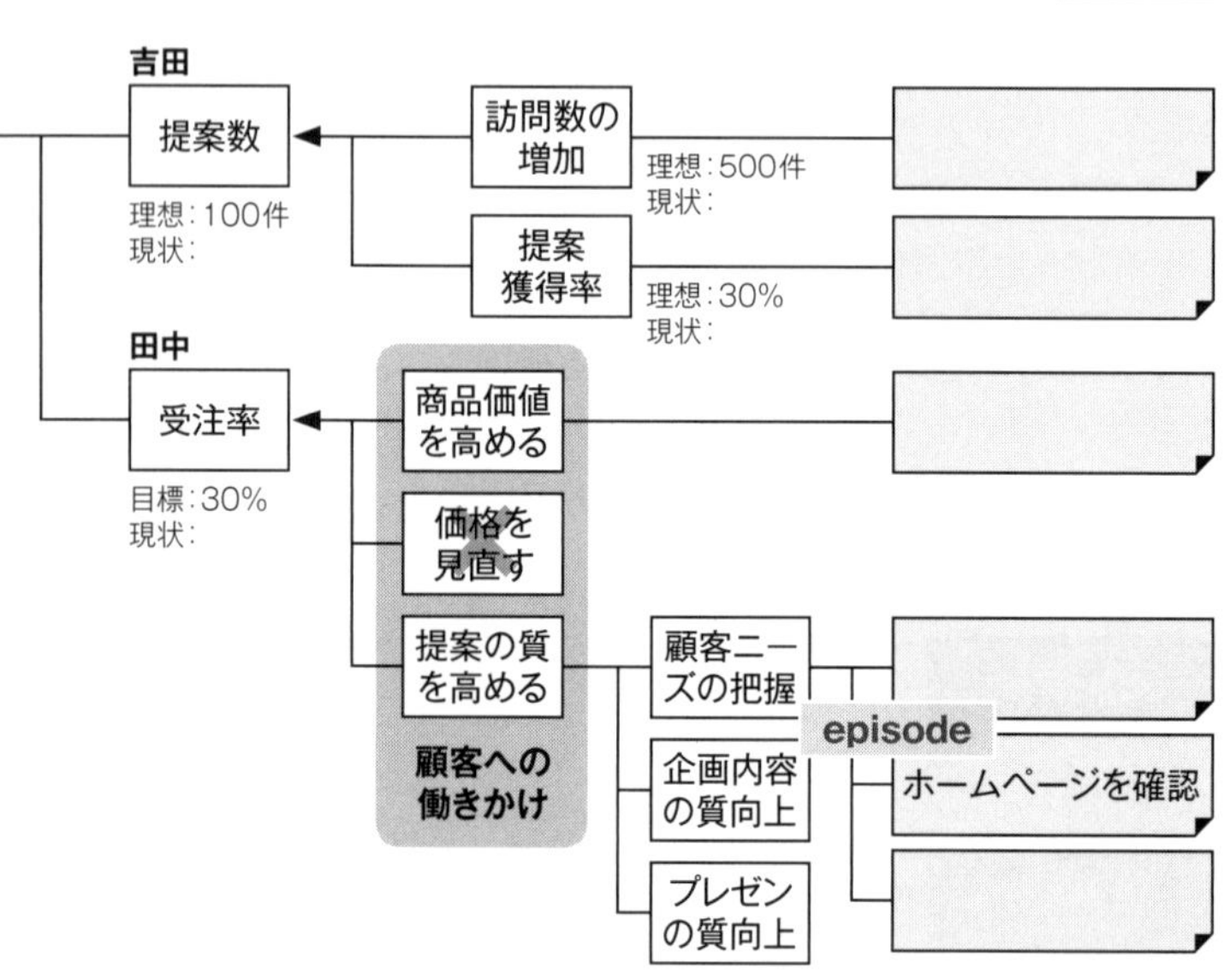

上は伸びているの?』『どんな商品が売れ筋なの?』『人は募集しているの?』といった質問に答えられなかったのを今でも覚えています。ただその時に私が思ったのは『その情報を知っていることとモノが売れることに、どういう関係があるのかわからない』ということでした。だから、特にホームページを真剣に見るようなこともありませんでした。

　しかし今は関係あることがよくわかります。顧客のニー

図F

Result 目標　　**framework 目標の構造化**

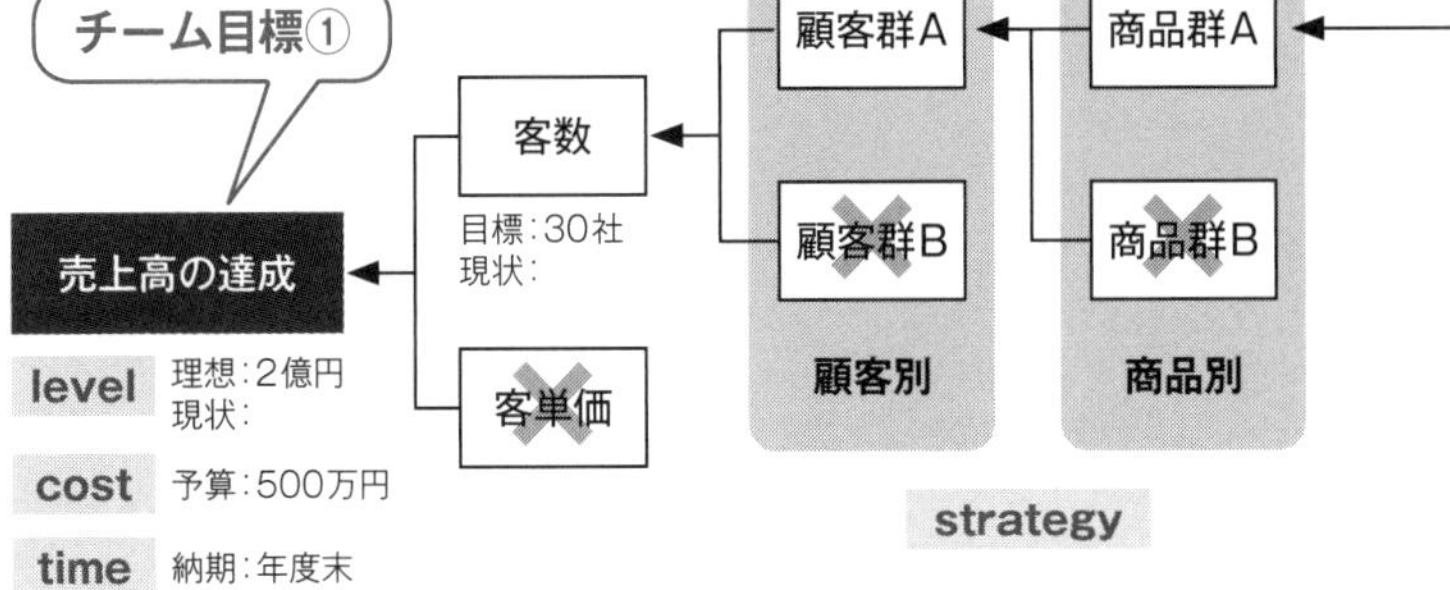

ズを知ることが提案の質を高めることにつながり、それによって受注率が上がる。価格競争力の無い中で営業が良い提案をできるかどうかが生命線だったということです。今、私達も同じような状況にあります。これはあくまで一例ですが、そのためにまずはお客様のホームページの確認をおろそかにしないことです。ホームページを見る時のポイントは採用ページと中期経営計画のページに目を通しましょう。みんなには、受注率

の基準になっている30%をどうすれば実現できるかを一緒に考えながら、今期様々な施策に取り組んでもらいたいと思っています。私も知恵を出しますが、みんなの方が、固定観念にとらわれず自由に発想できるということもあると思います。是非このあたりは議論をしながら、より良い案を出していきましょう」

このように、ある施策からチームのゴールにつながる一本の道を、あなたのエピソードを交えながらメンバーと視界の共有ができると、メンバーも地図に対するイメージが膨らみます。

6 コストと納期を共有する（cost・time-bound）

チームの状況によっては、コストや時間を度外視して売上を上げることや新商品を開発することに専念させたい、ということもあるかもしれません。一方で、生産性を意識させながら仕事をさせたい場合には、必ず要所で納期やコストを共有するようにしましょう。

7 施策を洗い出す

ここまで来て、ようやく施策について考えます。まずはReflectsの七つの観点で整理しメンバーの問いが出やすい状態を先につくりましょう。

チーム目標が構造化され、各要素の理想、つまり達成水準が明確になってくると、改めて様々な問題意識がわくとともに、施策のアイデアも浮かびやすくなります。

ビジネスで価値があるのは、あくまで「どのような施策のアイデアを実行するか」です。つまり、どんなに構造化が綺麗にできようが、良い施策が思いつかなければまったく意味がありません。ではどうして1~6のステップを踏んでいるかと言えば、そのアイデアをチーム全員で一緒に考える土壌をつくるためです。この段階までに、マネージャーだけではなくメンバー全員に新たな問いが生まれやすい状態、つまりは施策の選択肢を考えやすい状態になっているはずです。是非、みんなの意見を結集してクリエイティブな良いアイデアを出してみましょう。

「それでも良いアイデアは出ませんでした。結局、今までと同じように顧客訪問をとにか

図G

目標の構造化　　**施策**

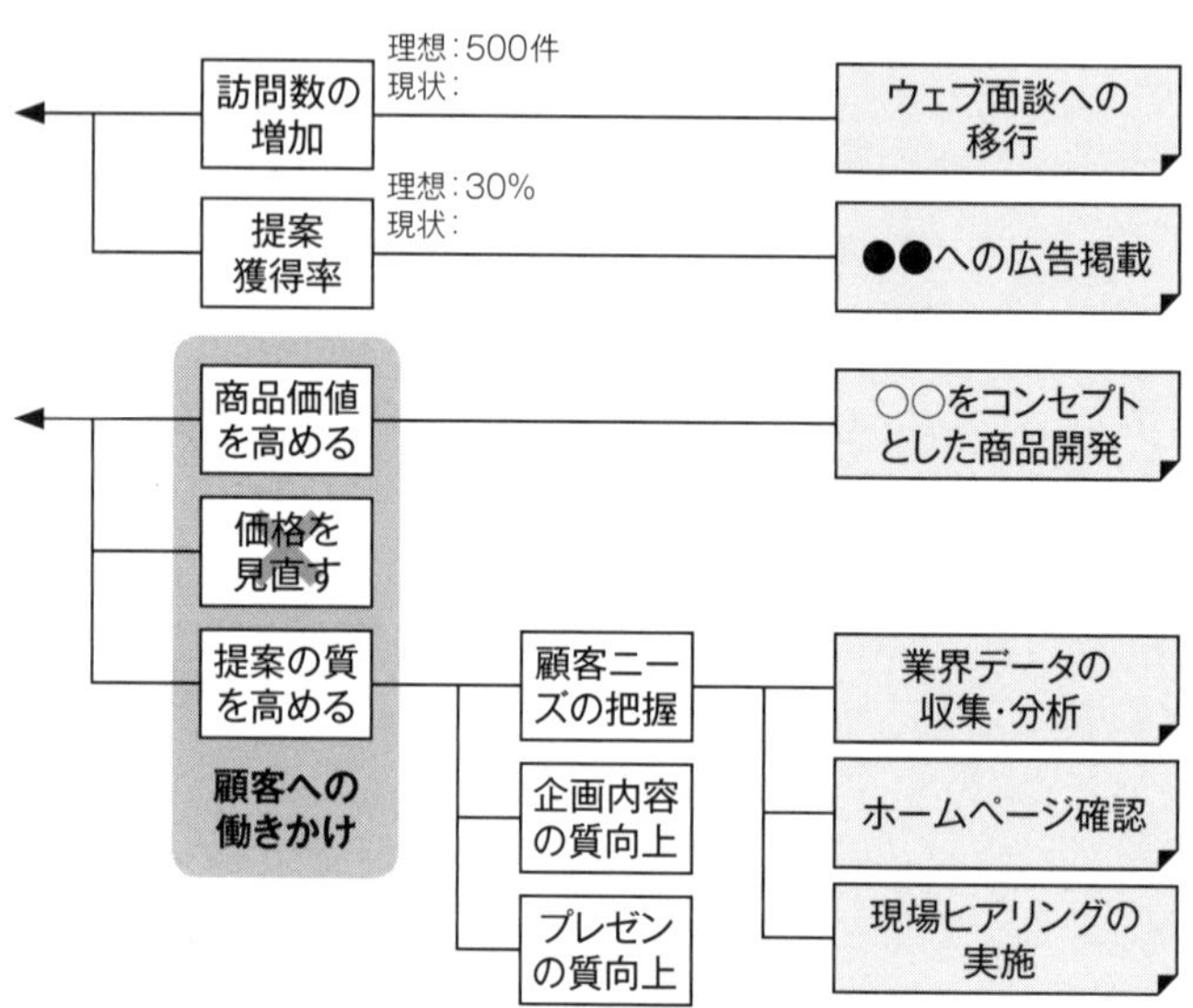

く頑張ろう、という施策になってしまいました」というチームもあると思います。

しかし、落胆する必要はありません。メンバーにはこの時点でマネージャーの視界が共有されていますので、その視界でお客様と対峙するはずです。

それを繰り返すことで様々なヒントを得ることができ、1カ月後や2カ月後に改めて話をした時には、それまでにはなかったアイデアが生まれています。ここでは「ウェブ面談への移行」「広告掲載」「商品開発」「業界データの収集・分析」「現場ヒアリングの実施」という五つの施策が生まれ、地図に書き加えました（図G）。

8 施策の優先順位を決定する

家族旅行を計画する時でもレストランを選ぶ時でも、頭の中には様々な選択肢があり、その中で自然と優先順位を決めています。これはマネジメントでも同様で、施策が洗い出されたら優先度の高いものから順に実行に移します。施策の優先度を決める際には、2つの観点で施策を評価しましょう。

・インパクト（その施策の結果への影響）
・フィジビリティ（その施策の実現可能性）

インパクトとは、チームのゴールへの影響が大きいか小さいかを指しています。また、フィジビリティという言葉はあまり聞かない言葉だと思いますが、「実現が容易か」「実現の障壁が少ないか」を表しています。

フィジビリティでよく使われる観点は次の３つです。

・時間的コスト（すぐできるか、長期間か）
・人的コスト（少人数でできるか、大人数か）
・金銭的コスト（低予算でやれるか、高予算か）

要は、大きな結果につながる施策のうち、最もコストの低いものを選ぶ、ということです。

当たり前のように聞こえますが、思いの外、施策の優先順位は感覚で決められていてチーム内で共有されていないことが多いのではないでしょうか。期初に実行する施策が多数ある時は、施策をインパクトとフィジビリティの観点で評価して優先順位を決めましょう。

また、施策ごとの評価を行うには、192ページの図のような表を用います。例えば、チームで洗い出した施策は「ウェブ面談への移行」「広告掲載」「商品開発」「業界データの収集と分析」「現場ヒアリングの実施」の五つでした。その場合の施策を縦に並べて、横軸のインパクトとフィジビリティの観点ごとに◎○△×で評価し順位をつけています。この例では広告掲載を1位、ウェブ面談への移行を2位としています。

チームの規模が大きくなり一つの施策で大きな予算や多くの人が動く場合には、インパクトやフィジビリティを定量的に評価することも大切です。目標設定時に限らず、マネージャーはここでもメンバーと視界を共有しながら意思決定ができるといいでしょう。

9 役割分担を行う

施策が決まったら役割分担を行い、地図に書き加えます（196ページ図H）。

例えばこの例では売上は吉田さん、木村さん、田中さんの3名で按分し、提案数は吉田さんが、受注率は田中さんが責任を持つことになります。

また、商品開発は橋本さんが責任を持っていることになります。

	インパクト	フィジビリティ			
	施策実施によるゴールへの貢献度	時間的コスト	人的コスト	金銭的コスト	優先順位
ウェブ面談への移行	○ 訪問数は増加するが顧客群Aの顧客特性を踏まえ慎重に検討	○ 時間はかからない	○ 負担は無い	○ 特になし	2位
●●への広告掲載	◎ 顧客へのブランディングや提案獲得に効果が見込める	○ 半年程度で効果につながる	○ 追加要員無し	× 大きな費用発生	1位
●●をコンセプトとした商品開発	○ 顧客へのブランディングや受注率向上に効果が見込める	× 開発期間1年程度	○ 外部パートナーのマネジメント人員が必要	× 外部パートナーへの発注費用増	4位
業界データの収集・分析	△ 一定の効果が見込めるが既に十分に行っているため効果は限定的	○ 工数管理シートを入力し、確認する時間が発生する	△ メンバー全員に負担がかかることになる	○ 特に無し	5位
現場ヒアリング実施	○ 潜在的なニーズが把握しやすく提案の説得力につながる	× ヒアリング対象者の選定～分析に時間がかかる	△ ヒアリングに人が割かれる	○ 特に無し	3位

地図上に責任者を置くことで、チーム内での責任範囲や責任者同士の関係が明確になります。

例えば、受注率の向上のためには商品価値を高める必要があり、そのために戦略を反映した商品開発を行う必要があるので、田中さんと橋本さんは協力して仕事を進めなければならないことがわかります。

地図の中の仕事に人が示されている方がチーム全員で目標を達成する意識を醸成しやすくなります。

七つの観点で視界を共有し、メンバーからは「チームで目指すべき全体像がよく理解できた」という発言が出ても、一部のメンバーはいざ仕事に戻ると目の前の仕事にしか目がいかないことがあります。私は役割を意識させる時に、点ではなく線で意識させるように心がけています。例えば図の例では、鈴木さんに広告掲載の仕事を任せていますが、「鈴木さん、あなたの役割は広告掲載ですよ」とは言わずに、「鈴木さん、あなたの役割責任の範囲は広告によって提案獲得率が上がり、それによって顧客ターゲットAに商品Aを提案する機会が増え、最終的にそれが受注につながることですよ」と伝えます。つまり、つながりを意識させて責任範囲の視座を高めるのです。

⑩施策ごとにタスクを細分化しスケジュールを決める

そして実際の仕事では、次ページの図Hに示した水色の要素である施策ごとにタスクを洗い出し、スケジュールを決めて実行していくことになります。

こうして図にしてみると、いかにマネージャーの持つ視界と一施策の一タスクだけを担っているメンバーの視界が合わせづらいかがわかると思います。

ここまで、売上目標をチーム目標として構造化しましたが、198ページの図の例のように「プロジェクトの生産性強化」など、定性的な目標を構造化することも、もちろん可能です。

こちらはあるＩＴ部門の部長が描いたツリーを、私の方で修正したものです。

内製、外注問わず多くのシステム構築プロジェクトが進行しているものの、みんながシステムの完成にばかり目が向き、俯瞰して生産性を高める視点が足りないことに問題意識を持っていました。

そこで、すべてのプロジェクトにおいて生産性強化の視点を取り入れるべくツリーを作成し、これをもとに定期的に議論を行っています。日常は目の前のタスクに集中し、定期的にプロジェクトを俯瞰する機会を設けている訳です。

ここまでが視界共有を目的とした伴走するマネジメントの軸の部分です。

■破　弱点を克服する

ここまで述べた守破離の「守」、つまりチームの地図を描きメンバーに共有することは、伴走するマネジメントにおいて最も大切なことと位置づけていますが、ここからはその地図づくりに指示管理型以外の3つのマネジメント（ビジョン型・奉仕型・職人型）の考え方を取り入れることで、マネジメントのあり方ややり方を深化させる方法を解説したいと思います。守破離の「破」は、弱点を克服することがテーマです。それには次の3つの方法があります。

施策

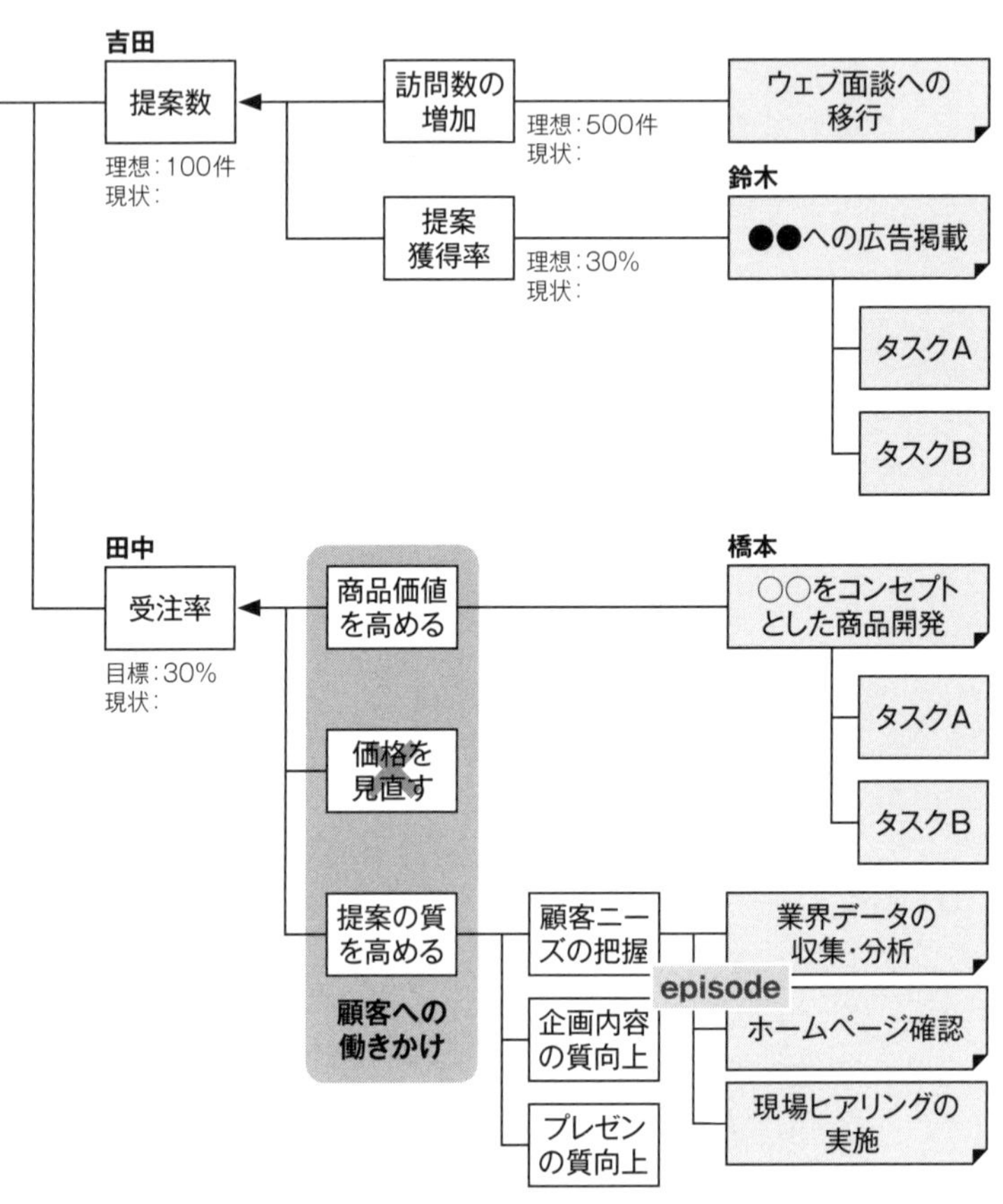
吉田
提案数
理想：100件
現状：
訪問数の増加
理想：500件
現状：
ウェブ面談への移行
提案獲得率
理想：30%
現状：
鈴木
●●への広告掲載
タスクA
タスクB
田中
受注率
目標：30%
現状：
商品価値を高める
橋本
○○をコンセプトとした商品開発
タスクA
タスクB
価格を見直す
提案の質を高める
顧客への働きかけ
顧客ニーズの把握
業界データの収集・分析
episode
ホームページ確認
企画内容の質向上
現場ヒアリングの実施
プレゼンの質向上

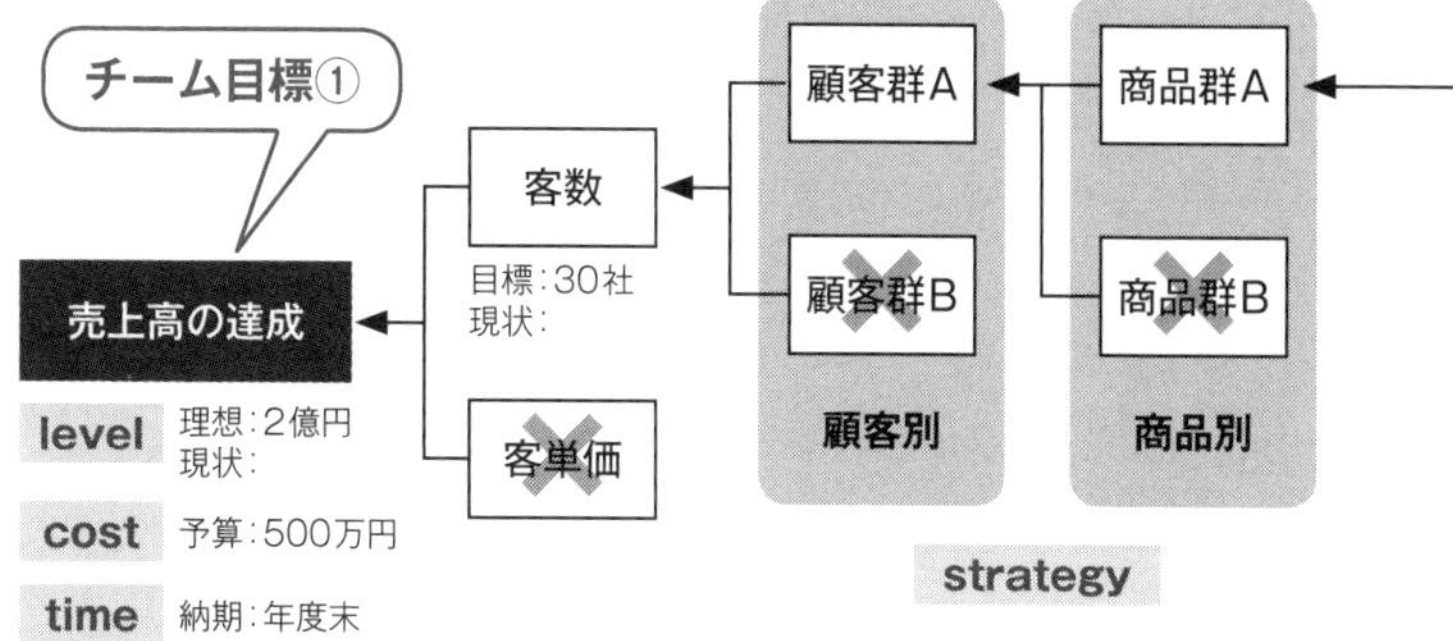

吉田:1億円
木村:6000万円
田中:4000万円

施策 **担当者名称**

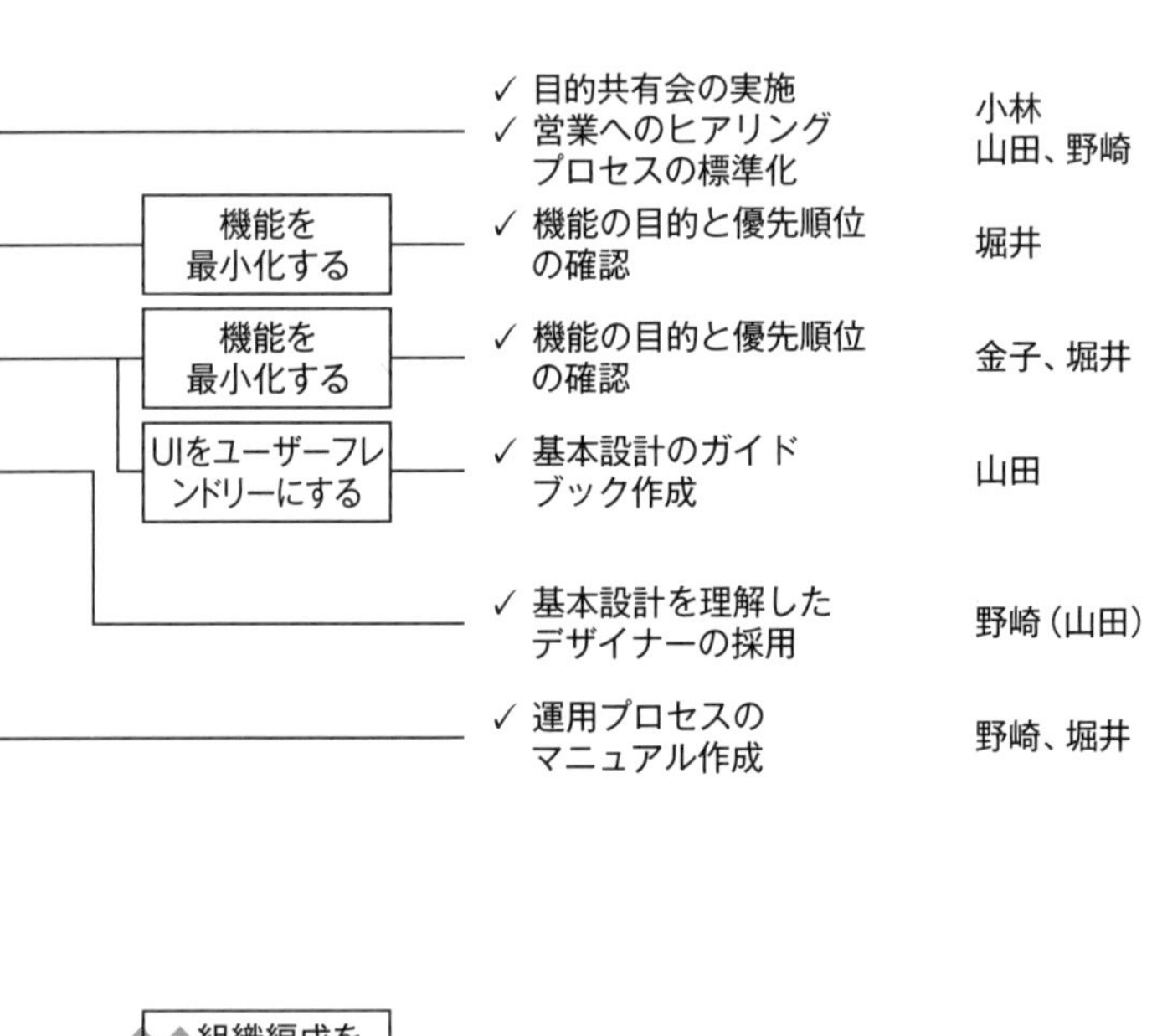

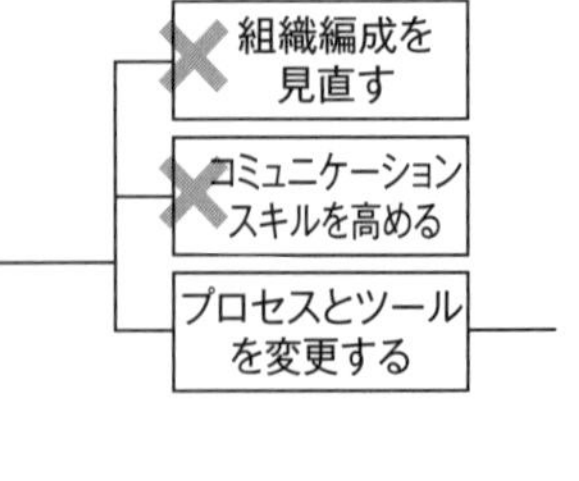

✓ 営業からSEへの依頼基準の言語化
✓ プロジェクト管理システムの刷新

金田、堀井
金子、佐々木

✓ 要件定義の承認プロセスの強化

佐々木

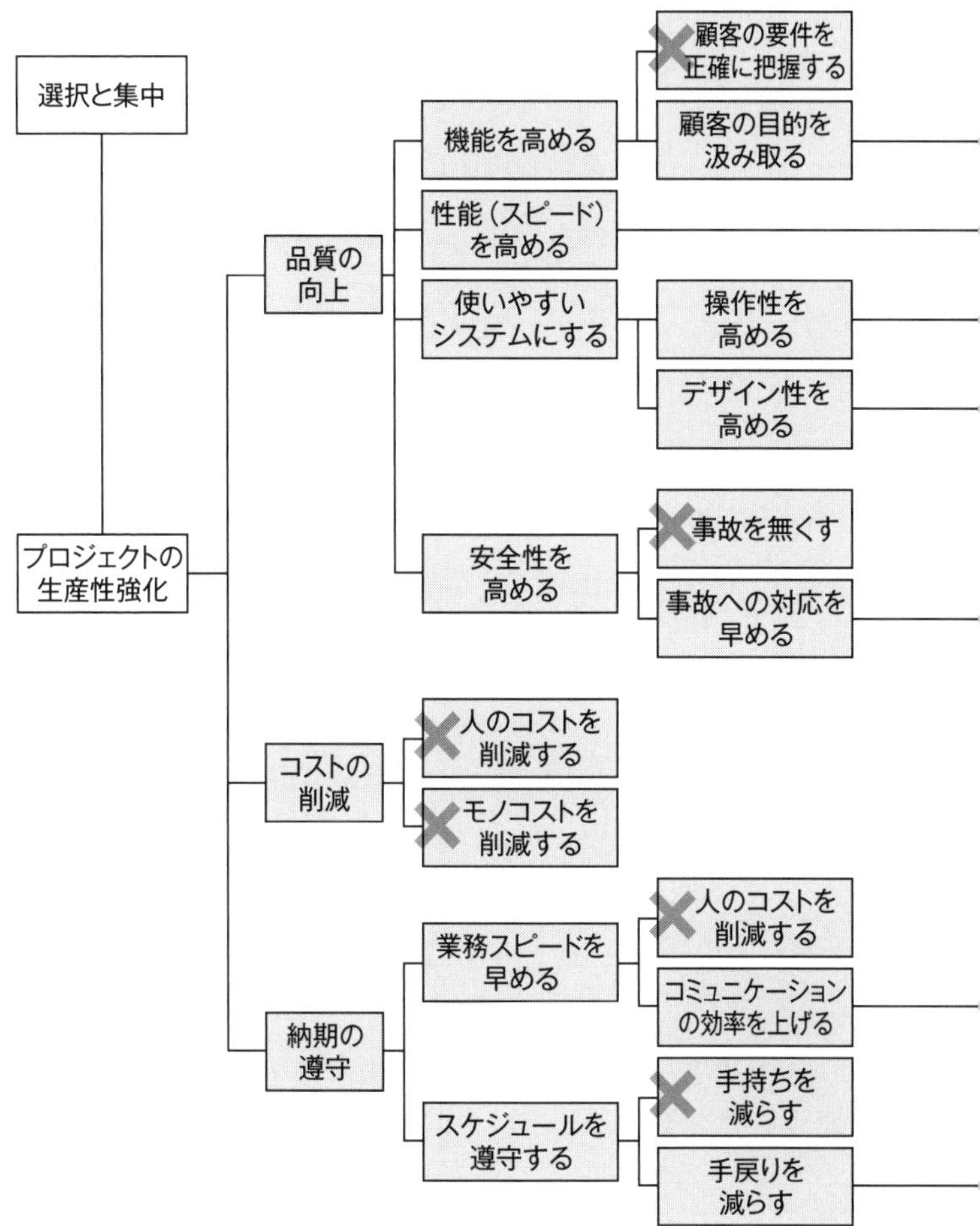
目標
目標の構造化
選択と集中
プロジェクトの生産性強化
品質の向上
コストの削減
納期の遵守
機能を高める
性能（スピード）を高める
使いやすいシステムにする
安全性を高める
人のコストを削減する
モノコストを削減する
業務スピードを早める
スケジュールを遵守する
顧客の要件を正確に把握する
顧客の目的を汲み取る
操作性を高める
デザイン性を高める
事故を無くす
事故への対応を早める
人のコストを削減する
コミュニケーションの効率を上げる
手持ちを減らす
手戻りを減らす

1目標の目的を魅力的に語る（ビジョン型の考え方を取り入れる）
2地図創りにメンバーを巻き込む（奉仕型の考え方を取り入れる）
3率先垂範する領域を決める（職人型の考え方を取り入れる）

期初には三つの型の「目的を語る」「意思を尊重する」「手本を示す」といった考え方を取り入れることを推奨していますが、ビジョン型はその名の通りチームの存在意義やあり方を伝えることで目標にワクワク感を与えるとともにチームで価値観を共有し、規範をつくることでチームワークをより強固なものにします。

奉仕型はメンバーの意思を尊重し、メンバーとの関係をつくるところに強みがあります。メンバーを地図の作成段階から巻き込むことでメンバーのチーム目標達成への参画感をさらに高めることができます。

職人型はマネージャーが率先垂範してメンバーに手本を示すことで専門性の自立を高め

ます。マネージャーがプレイヤーとしても優秀な場合に限りますが、メンバーの先頭に立って手本を見せることでメンバーの専門性を高めます。

1 目標の目的を魅力的に語る（ビジョン型の考え方を取り入れる）

理想には理解と共感の二つが大切、ということは前に述べました。Reflectsの七つの観点で目標を構造化し、視界を共有すると目標の理解が進み、思考の自立が促されます。一方で、目標への共感が十分ではないと感じられるなら、ビジョン型の特徴である「目的を魅力的に語る」という考え方を地図に取り入れましょう。そうすることで、さらに地図が意味のあるものになっていきます。

目的と目標は似ている言葉ですし、似た場面で用いられますが、みなさんは切り分けて使っているでしょうか。

例えばあなたがレストランを経営しているとしましょう。その場合の目標は「売上」で、目的は「おいしい料理でお客様のお腹を満たすこと」といった使い分けをします。「いや、自分の目的はあくまで売上を上げることだ」というのも間違いではないので、そのあたりが目標と目的という言葉の定義をややこしくしています。

一般的には目的と目標は三つの観点で使われ方が異なります。

一つ目は「目標は明確な基準（例えば売上●●円というようなもの）が存在する。目的は明確な基準は存在しない」。

二つ目はそれに関連して「目標は明確な基準が存在するがゆえに定量化しやすい。目的は定量化しにくい」。

三つ目は「目標は比較的『自分達都合』、つまり自社視点で語られ、目的は顧客視点で語られる」。この三つ目が先ほどのレストランの売上とお客様のお腹を満たすという違いの話です。


この三つの違いにより目標はメンバーにとっては無機質でやらされ感や義務感を生みやすく、一方、目的は義務感が少なくワクワク感や使命感を生みやすいと言われています。

例えばあなたが食品メーカーの子供向けの食材を扱うチームにいて、子供向けということもあり添加物ゼロの食品を提供することをチームの方針にしていたとします。このチー

破の施策（期初）

	期初		期中		4タイプの位置づけ
守 軸を極める	チーム目標攻略の地図を描く	3章	課題解決を高速回転させる	4章	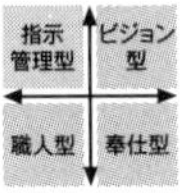 指示管理型／ビジョン型／職人型／奉仕型
破 弱点を克服する	目標の目的を魅力的に語る	3章	課題解決に規範を取り入れる	4章	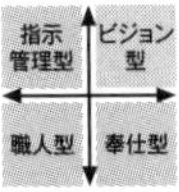 指示管理型／ビジョン型／職人型／奉仕型
	地図づくりにメンバーを巻き込む	3章	個別課題を解決する	4章	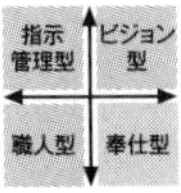 指示管理型／ビジョン型／職人型／奉仕型
	率先垂範する領域を決める	3章	ナレッジをシェアする	4章	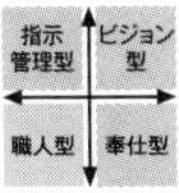 指示管理型／ビジョン型／職人型／奉仕型
離 幅を広げる	理念を策定する	5章	理念を浸透する	5章	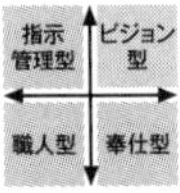 指示管理型／ビジョン型／職人型／奉仕型
	キャリア面談を行う	5章	1 on 1を習慣にする	5章	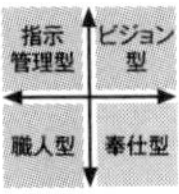 指示管理型／ビジョン型／職人型／奉仕型
	業務改善に着手する	5章	新領域に専念する	5章	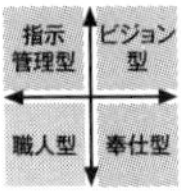 指示管理型／ビジョン型／職人型／奉仕型

ムでの目標は「今期売上〇〇億円」であり、目的は「子供の安心・安全を守る」です。どちらがやらされ感や義務感を生み、どちらがワクワク感や使命感を生むでしょうか？

期中の会議などでも目標数字の進捗についての報告を延々と行っているケースはありますが、そこにはやらされ感や義務感しかなく、ワクワク感や使命感がまったく無いこともよくあります。

「ビジネスなのだからワクワク感などなくてもいい」と割り切ってしまうこともできるかもしれませんが、目的も合わせて語ることによってメンバーの共感を得ることができますし、特にデメリットのある話ではないので目標と合わせて目的も語った方がいいでしょう。

多くのマネージャーの話を聞いていると、話の中に自社視点しかない場合も多いのですが、それに共感して動いてくれるメンバーは限定的だと思った方がいいと思います。

ただし、目的の重要性について語る際に気をつけないといけないのは「目的の方が目標よりも優先される。私達の仕事は目標（会社）のためではなく、目的（顧客）のために行っている」という論調です。

私はこの考え方は組織運営において分断を生みやすい考え方だと思っています。なぜなら、どちらも同じぐらい大切だからです。スポーツに喩えると「観客を喜ばせることが大切なので、そういうプレーをしていればチームは勝たなくてもいい」という発想と構造は一緒です。

しかし、スポーツでそんなことを言う人はいません。大切なのは「目的と目標を両立させるにはどうすればいいかをチーム全員で考えること」です。

先ほど目標と目的の違いについて自社視点は目標と呼ばれ、顧客視点は目的と呼ばれるとお伝えしました。

次ページの図はその視点に加えて時間軸の短期、中長期の視点を追加したものです。立場の軸を自社視点から顧客視点に変えるだけではなく、時間軸を中長期視点にすることで目的は普遍的な使命（＝ミッション）になり、目標はビジョンになります。

ビジョンについては、それが自社視点だとしても達成する目標の大きさからワクワク感が上がると言われています。ただしビジョンも数値で表してしまうと、例えば売上目標5000億円のように途端に無機質なものになるので注意が必要です。

「会社の売上を達成するためにあと一歩だ。さあ責任感を持って頑張ろう！」というより

		時間軸	
		短期	中長期
立場軸	自社視点（目標）	**業績目標** 例：今期売上目標10億円	**ビジョン** 例：子供向け食品業界SPA
	顧客視点（目的）	**顧客価値・事業の目的** 例：子供の健康に害の無い商品を提供する	**ミッション** 例：子供にとって食に不安の無い世界をつくる

も「子供にとって食に不安の無い世の中をつくるために私達はいます。そこに到達するために、取り組まなければならないことが他にもありませんか？　その想いを持って一日一日を妥協せずに過ごしていきましょう」というように、メンバーがワクワク感を感じられる言葉を選びましょう。

その目的が魅力的かどうかは、前述の「数値ではない」「顧客視点である」「中長期目線である」ことに加えて次の観点を取り入れるといいでしょう。

・消費者が本当に欲しいもの、困っていることに着目する

・これまで成し遂げられていないことに着目する
・チームメンバーが価値に感じることに着目する

これら三つはすべて満たしている必要はありません。ただどれか一つでも入っているとメンバーの共感を得やすいので、ご自身の考えた目的が魅力的になっているかどうか検証してみてください。


さて、ここまでの話は視界共有の地図のどこに位置づけられるでしょうか。

「売上高の達成は何のためにやっているか？　それは子供の健康のために行っている」というストーリーで、208ページの図Iのように地図上では目標の上に位置づけられます。

また、戦略のところでも少し触れましたが、事業の目的を考えるステップは戦略を練ることと同じステップをたどるため、戦略を練る際に自社の価値について検討していれば、事業の目的を言語化するのはそれほど難しくないでしょう。

では、地図上に目的が書かれているとチームにとって何がいいのでしょうか？　一つはチームの戦略性の有無を確認できることです。例えば「広告や商品開発といった施策にしっ

施策

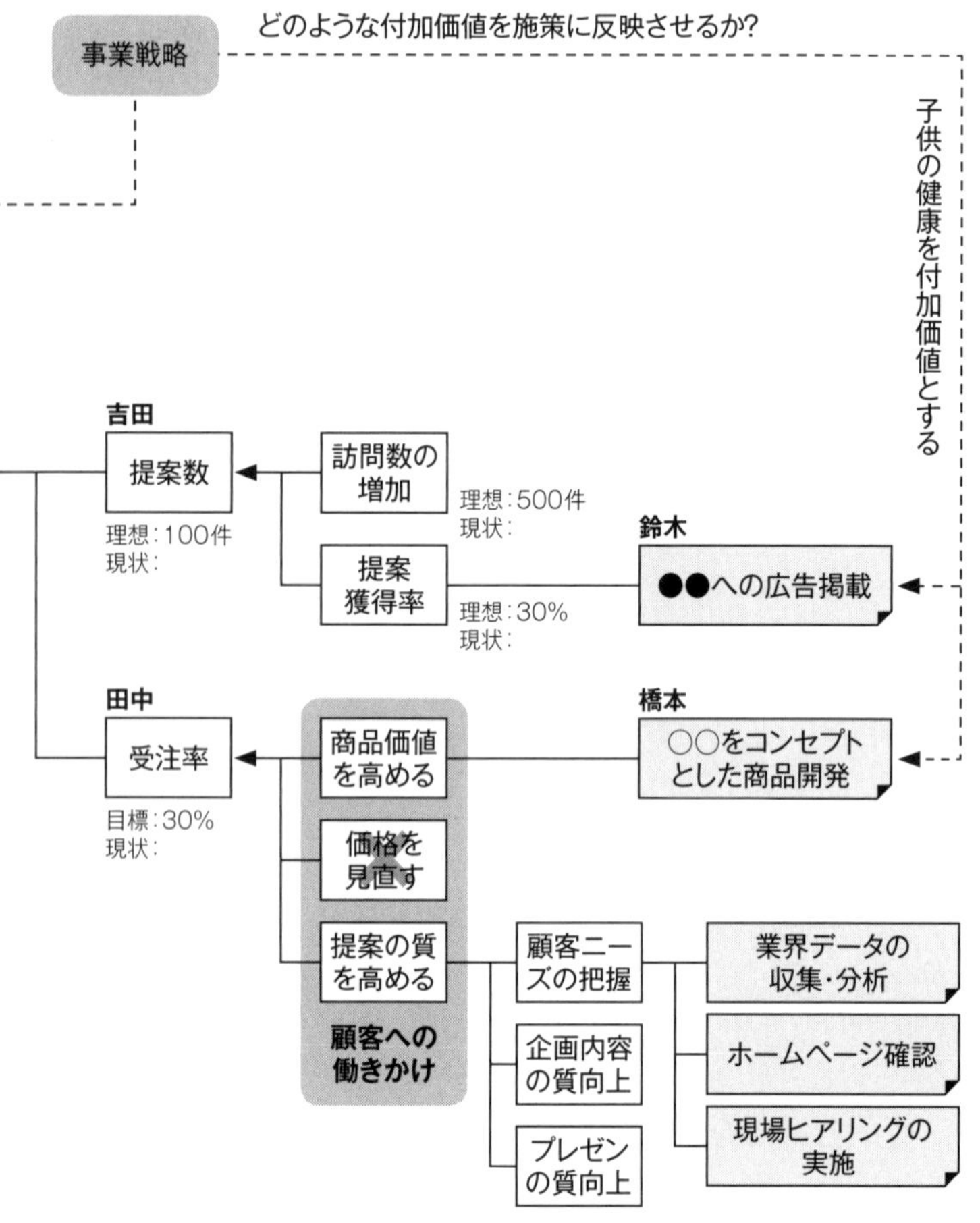

事業戦略
どのような付加価値を施策に反映させるか?
子供の健康を付加価値とする
吉田
提案数
理想:100件
現状:
訪問数の増加
理想:500件
現状:
提案獲得率
理想:30%
現状:
鈴木
●●への広告掲載
田中
受注率
目標:30%
現状:
商品価値を高める
価格を見直す
提案の質を高める
顧客への働きかけ
橋本
○○をコンセプトとした商品開発
顧客ニーズの把握
企画内容の質向上
プレゼンの質向上
業界データの収集・分析
ホームページ確認
現場ヒアリングの実施

図I

目標

目標の構造化

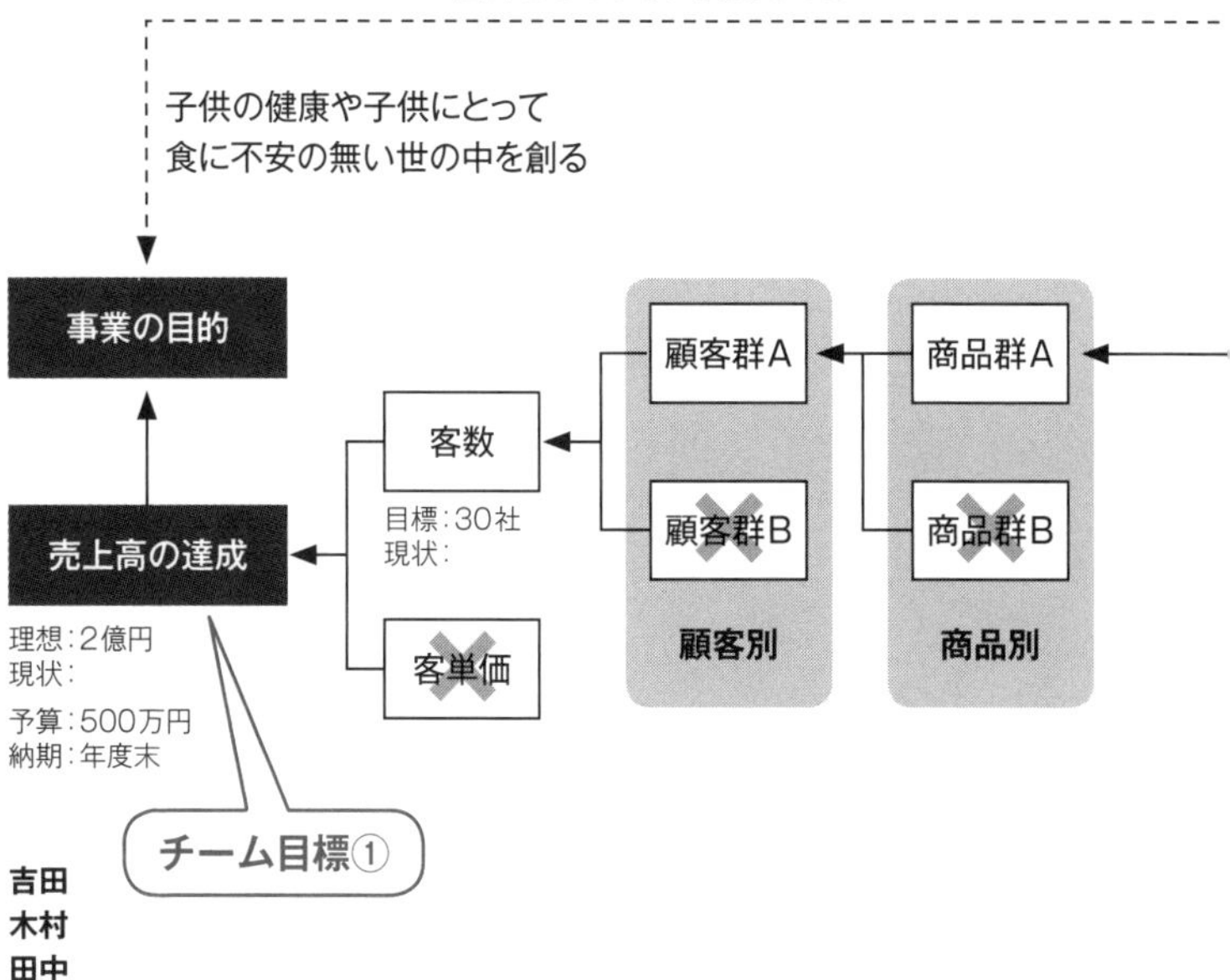
社会、お客様にどのような価値を提供し、
社会をどのように変えるのか?
子供の健康や子供にとって
食に不安の無い世の中を創る
事業の目的
売上高の達成
理想:2億円
現状:
予算:500万円
納期:年度末
客数
目標:30社
現状:
客単価
顧客群A
顧客群B
顧客別
商品群A
商品群B
商品別
チーム目標①
吉田
木村
田中

かりと戦略が反映され、最終的に売上につながり、それが目的を達成することに貢献している」というストーリーが地図上で可視化されることで、チーム全員で戦略が機能しているかを地図上の結果から検証できます。

もう一つはワクワク感や使命感につながる話ですが、チーム内のすべての施策や一人ひとりの行動の拠り所になる目的が示されていることで、メンバーの共感を促すことができることです。

みなさんは、このようなことを普段から意識しながら目的を言語化したり語ったりしているでしょうか。

これは何も期初に限った話ではありません。日々の会話の中でマネージャーが選ぶ言葉の一つひとつを、メンバーはしっかり聞いています。目的は想いを持って自分の言葉でエピソードなどを交えて真剣に語らないと伝わりません。

そういう意味では、**自分自身がその目的を意義あるものと心から信じている必要があります。**

そのためにも日頃からチームの事業について「なぜこの事業が必要なのか？」「自社の優

位性は何なのか?」「自分達はどのような価値を社会に提供したいのか?」「顧客からどのような会社だと思われたいか」を考え抜くことが求められます。

ここで自分の言葉でエピソードを伝えられるかどうかによって、メンバーの日々の行動は変わってきます。伴走するマネジメントでは、事業の目的を語ることは理想への共感を促すという点で重要な役割を担っています。

2 地図づくりにメンバーを巻き込む(奉仕型の考え方を取り入れる)

指示管理型の視界共有の弱点は「マネージャーの強い理想が反映され過ぎる」ことにあります。もちろん理想がなければ問題意識は生まれませんが、その理想がマネージャーの独りよがりで高過ぎる場合、メンバーはついていけません。そこでは奉仕型の考え方を取り入れることが有効です。

伴走するマネジメントも視界の共有は重視していますが、あくまで主役はメンバーです。メンバーの行動や能力をマネージャーの考える理想に引き上げることは大切なことですが、登山未経験者をヒマラヤ山脈に連れて行っても悲惨な結果が待っているのと同様に、理想と現実に大きな差がある場合すべてが台無しになってしまうリスクがあります。

また、「会議などでメンバーに方針を伝える際に、資料づくりやプレゼン方法は工夫をするのですが、なかなか腹落ちさせることができません。どうすれば腹落ちさせられますか?」という質問を受けることがあります。

人は誰かに理解や共感を促そうとする時に、わかりやすい資料や人を魅了するプレゼンの技術が重要と考えます。たしかにプレゼンの技術で人を魅了できたら素晴らしいと思いますが、そのようなスキルは一朝一夕で身につくものではありません。

これらの、指示管理型であるがゆえの弱点を奉仕型で解決する方法は、いたって簡単です。「メンバーに理解させたい、共感させたい内容についてメンバー自らが考えて議論する時間を取る」だけです。

例えば、今期のチーム方針が「DXによって顧客価値を高める」だったとします。であれば、あなたが説明する前に「DXによって顧客価値を高めるためにはどうすればいいか、チームで考えて私に意見をください。特に決まった答えがある訳ではありません。また、質問はいつで受けつけています」と会議の冒頭で伝えて、チームのメンバーに少し時間を与えるだけです。そしてみんなの発表や、その中で出てきた疑問を聞いた後に、あなたが用意していた資料の説明をしましょう。

きっと、単にあなたが資料を説明するよりも何倍も興味を持ってあなたの説明を聞くでしょう。

会議の時間は限られていて考えさせる時間が無い、ということであれば、会議の数日前に「次の会議でＤＸによって顧客価値を高める方法についての意見を聞くので、事前にチームメンバー同士相談して考えて来てください」と伝えておきましょう。

コミュニケーションは、伝える側と伝えられる側というように、一度役割が決まってしまうと聞く側はいつのまにかスポーツや演劇でいう観客のようになってしまいます。演目の内容に興味があれば前のめりになりますが、逆につまらない、自分には関係無いと思ったら途端に興味を失い右から左に情報が流れていってしまいます。

ここではチーム目標達成の地図を作成する際に、メンバーを巻き込む手順をお伝えします。期初に3時間程度のまとまった時間をとってメンバーと議論しながら地図をつくりましょう。

①チーム目標をホワイトボードに書く
②各メンバーにテーマを達成するために必要な要素を付箋に書いてもらう
③各メンバーの付箋を並べて同じ内容のものをまとめる
④各要素をつなげて構造化する
⑤施策を改めて洗い出す

ここでもポイントはメンバー一人ひとりの参画意識です。

一人一つ以上の施策をまずは全員に考えてもらい、考えた施策を一人ずつ発表してもらうといいでしょう。発表する順番は変な忖度が起こらないように名前のアイウエオ順などランダムにするのがいいと思います。また、メンバーの主体性を引き出すために前の人と同じ答え、つまり「私も同じ意見です」というのは禁止にしましょう。

上の人の意見ばかりが通りやすい雰囲気をつくるとメンバーは受け身になり、「自分は考える必要が無い」と思って、また観客に戻ってしまいます。しかしメンバーが斬新な意見を持っていないかと言われれば、まったくそんなことはありません。経験がある先輩達の方が固定観念に引きずられて面白みの無い施策しか出せない場合も多々あります。メンバーと一緒に地図をつくることで視界の共有が一気に進むとともに、メンバーが自分ごととしてチーム目標を考えるきっかけになるでしょう。

このようにチーム内で地図づくりの機会を設けるのと同時に、定期的にメンバーが施策を提案できる機会をつくります。ちなみに「いつでも提案してきていいよ」と言って提案を待つ方法は、心理的安全性があり行動の自立を促しそうですが上手くいかないことが少なくありません。

心理学の用語で「Choice Overload（選択肢過多）」という言葉がありますが、人は自由過ぎて選択肢が多過ぎてもストレスになり、結果的に行動に移すことができないという考え方です。ある程度、ルールを決めて提案できるようにしましょう。

3 率先垂範する領域を決める（職人型の考え方を取り入れる）

「うちのマネージャーは何をしているのかよくわかりません」というメンバーからの苦情を時々耳にします。

マネージャーがメンバーから見えにくいマネジメント業務に徹し過ぎてしまうことは、メンバーから不信感を持たれやすいようです。

不信感が生まれる背景には、マネジメント業務をイメージできず、メンバーからするとマネジメント業務が簡単に見えている場合もあります。

「自分よりも能力の低い人間が業績に直接寄与しない仕事を何となくやって、自分よりも給与が高いことが許せない」といった不満もあります。このような不満が最終的には「マネージャーの言うことは例え正論であっても受けつけない」といったチーム内の不協和を生みだします。

自分のマネージャーには最高のプレイヤーでいて欲しいし、自分よりはハードワークして欲しい、と思っている人が多いようです。率先垂範するだけがマネージャーとしての影響力の発揮方法ではありませんが、このような形でチームに不協和を生みださないことも重要です。

これらのことを解消するためには、地図の中で率先垂範する領域を決めて結果を出すことが一番かもしれません。どの世界でも同じですが、目に見える結果に勝るブランディングはありません。あなたのメンバーがついてこない理由の一つは、同じ領域での率先垂範が足りないことかもしれないのです。

ここまで、期初に行うべき視界共有を主体としたマネジメントの考え方と手法を見てきました。四つのマネジメント・タイプの中でチーム目標達成に向けた指示管理型が軸であり、視界共有をした上で、メンバーの感情にも配慮しながらバランスをとって事業をリードすることがマネージャーには求められます。

column

チームの戦略はどのように策定するか？

「戦略なんて自分はつくったことないので何をどうすれば良いかわからない」といった言葉は私が面談をしている多くのマネージャーから聞かれます。

たしかにチームの規模が大きくなり扱う情報やデータの量が増えてくると、専門的な知識が必要になってくるでしょうが、基本的な考え方はそれほど難しくありません。

戦略とは、社内、社外を見渡して、自分達の強みやその強みを活かせる機会を探し出し、誰に何を（どのような価値を）提供すれば収益につながるかを決めることです。

そして何より大事なのは立派な戦略を策定することではなく、その戦略を実行に移して成功や失敗を繰り返しながらより良い戦略にブラッシュアップしていき、最終的には成功につなげることです。戦略は誰でも立てられますが、成功につながる戦略はこれらの経験を繰り返してきた人にしかつくれません。まずはそのスタートを切れるかどうかが大切なので、ここではそのスタートを切るきっかけとなるステップを紹介したいと思います。

マネージャーがチームの戦略を創る手順は次の3ステップです。

1 枠組みを決める
2 情報を集める
3 ストーリーをつくる

1 枠組みを決める

まずは一般的に普及している戦略づくりの枠組みを活用しましょう。枠組みとは情報を整理する箱のことです。ここでは外部環境の変化を整理するPESTという枠組み（政治＝Politics、経済＝Economy、社会＝Society、技術＝Technologyの動頭文字をとってPEST分析と呼ぶ）と内部環境を整理するバリューチェーン分析という枠組み（製造や販売などの活動がどのように関連し事業の価値を生みだしているかを表すためバリューチェーンと呼ぶ）、そしてそれらの情報を整理するSWOT分析という枠組み（強み＝Strength、弱み＝Weakness、機会＝Opportunity、脅威＝Threats）の頭文字をとってSWOT分析と呼ぶ）を使用します。

つまりは会社の外と内を見渡して強みを活かせる機会を探す枠組みです。もちろん戦略策定にはそれ以外にも多くの枠組みが存在しますが一番直観的に理解しやすく基本を押さえているのでお勧めです。

2 情報を集める

次ページの図のように外部環境はＰＥＳＴの観点で、内部環境はバリューチェーンの観点で情報を収集し枠組みに記入します。次にＰＥＳＴとバリューチェーンで整理した情報をもとにＳＷＯＴで情報を再整理しましょう。ＰＥＳＴやバリューチェーン分析をする時はできるだけ多くの情報を収集することにこだわり、ＳＷＯＴで整理する時には情報の取捨選択を行いましょう。また、ＳＷＯＴで整理する際にＰＥＳＴやバリューチェーン分析以外の情報（例えば顧客の声や競合との比較など）を取り入れてもかまいません。

3 ストーリーをつくる

情報が整理できたら、これから起こる機会や脅威と自社の強みや弱みをかけ合わせて一つのストーリーをつくりましょう。「この機会にはうちのこの強みが活かせそう」「これは脅威だけれども上手く自社の強みを活かせば競合よりも優位に立

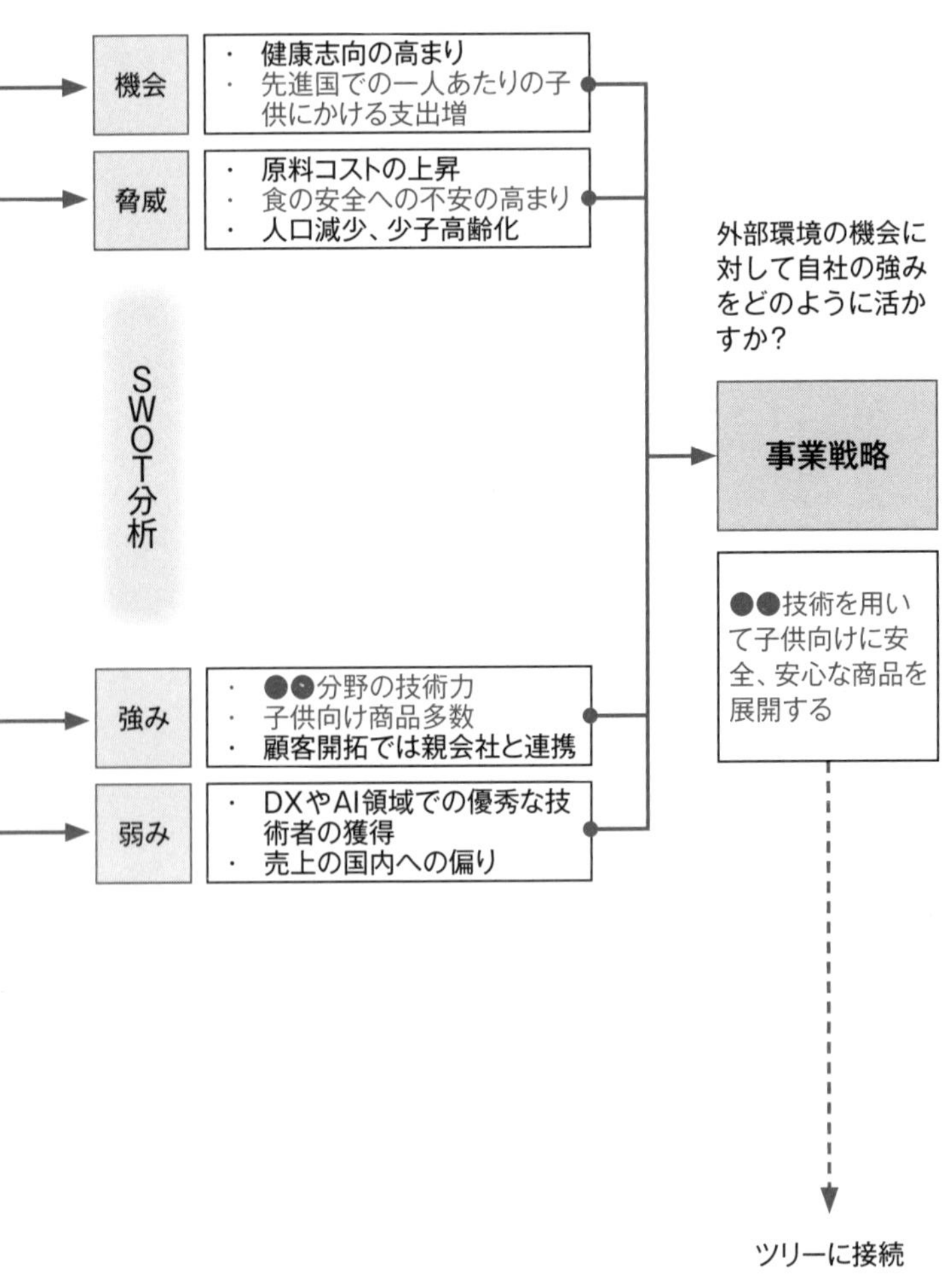
機会
・健康志向の高まり
・先進国での一人あたりの子供にかける支出増
脅威
・原料コストの上昇
・食の安全への不安の高まり
・人口減少、少子高齢化
SWOT分析
強み
・●●分野の技術力
・子供向け商品多数
・顧客開拓では親会社と連携
弱み
・DXやAI領域での優秀な技術者の獲得
・売上の国内への偏り
外部環境の機会に対して自社の強みをどのように活かすか？
事業戦略
●●技術を用いて子供向けに安全、安心な商品を展開する
ツリーに接続

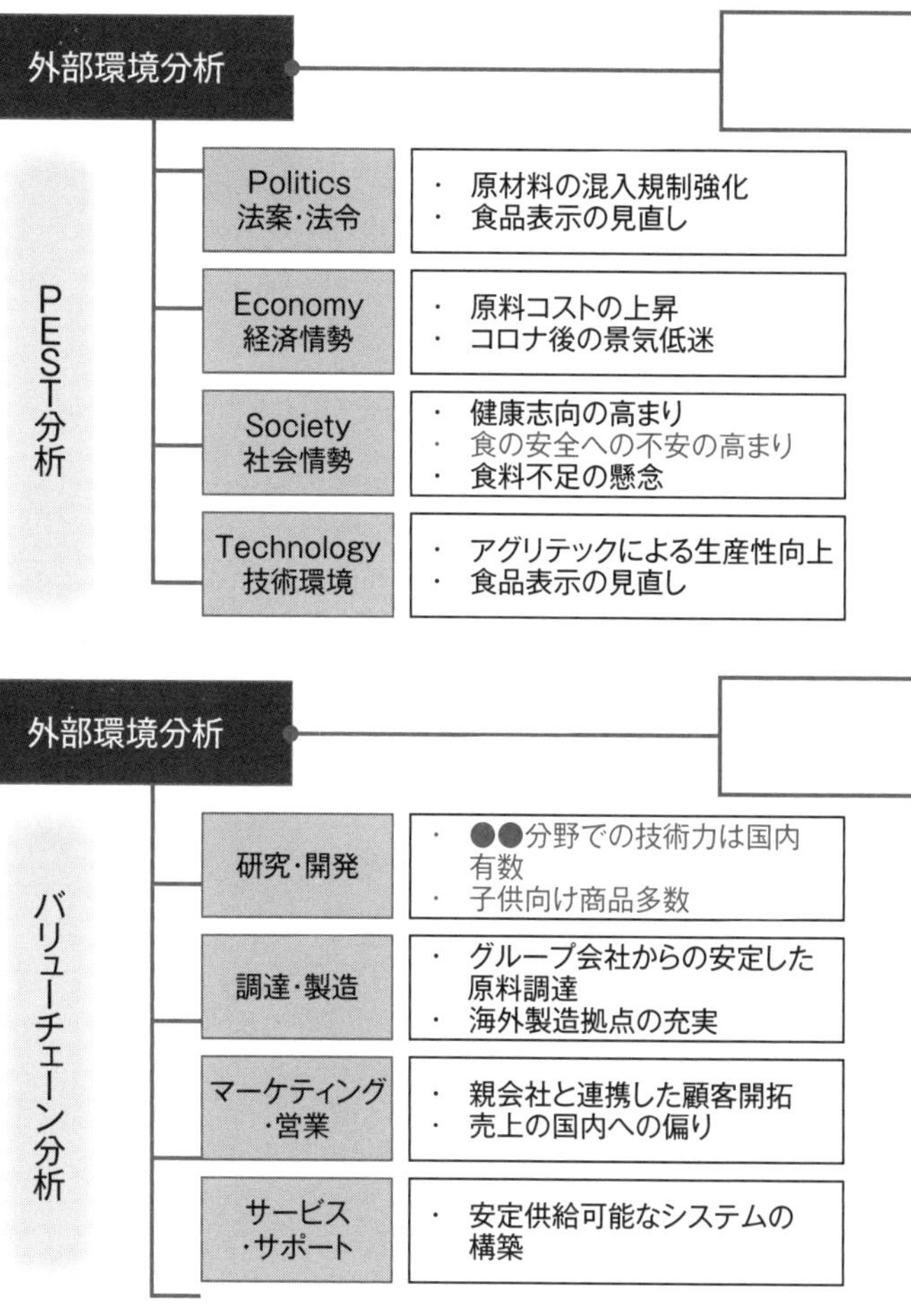
外部環境分析
PEST分析
Politics
法案・法令
・原材料の混入規制強化
・食品表示の見直し
Economy
経済情勢
・原料コストの上昇
・コロナ後の景気低迷
Society
社会情勢
・健康志向の高まり
・食の安全への不安の高まり
・食料不足の懸念
Technology
技術環境
・アグリテックによる生産性向上
・食品表示の見直し
外部環境分析
バリューチェーン分析
研究・開発
・●●分野での技術力は国内有数
・子供向け商品多数
調達・製造
・グループ会社からの安定した原料調達
・海外製造拠点の充実
マーケティング・営業
・親会社と連携した顧客開拓
・売上の国内への偏り
サービス・サポート
・安定供給可能なシステムの構築

てそう」など次の四つの組み合わせでストーリーをつくってみましょう。

・機会×強み
・機会×弱み
・脅威×強み
・脅威×弱み

例えば図の例は架空の食品メーカーの情報を整理したものです。食の安全への不安の高まりという業界全体への脅威に対して、子供向けの商品をつくってきたブランドの強みと技術力を活かして「子供向けに安全、安心な商品展開をする」という戦略のストーリーを導き出しています。ここで大切なのは情報を整理することではなく理屈と直観、両方の観点で魅力的なストーリーになっているかどうかです。もしなっていなければまた情報収集からやり直してみてください。そしてこの戦略は第3章でお伝えしたツリーに接続されます。

ここで示したストーリーはいたってシンプルなものですが、最初はこのぐらいからでかまいません。

　ここで立てた戦略という仮説をチーム内で実行し、課題解決を繰り返しながら戦略を進化させていきましょう。

　社会心理学の理論では行動変容理論というものがあります。高いハードルを置き過ぎると自己効力感、つまりは自信がなくなりやる気がなくなってしまうので、小さな成功体験を積み重ねた方が結果的にモチベーションを維持し成功につながる、という理論です。よくメンバー育成の際に用いられる考え方ですが、最初から完璧なものをつくろうとすると尻込みしてしまうのはマネージャーも同じです。スモールスタートでかまいませんのでトライしてみてください。

「とはいえ大規模な組織でいい加減な戦略なんてつくれない」と思う方も多いかもしれません。そういう意味では、小さなチームのマネージャーをしている頃から、このような考え方を身につけて戦略立を試行錯誤する経験を積んでおくことが大切だと思います。

第4章

伴走するマネジメントの実践（2）

守破離の「守」「破」… 期中編

守破離の「守」では地図を描いて共有し、軸を極める。「破」で弱点を克服する。その際は、基本である指示管理型に、他の3つのタイプのいいところを取り入れる。前章では、そのような期初に取り組む伴走するマネジメントについて解説しました。期中にはさらにマネジメントを強化します。その目的は、課題解決の精度を上げることですが、具体的にステップを示しながら、その手法を説明していきます。

■守　チームの課題解決を高速回転させる

「守」と「破」でマネジメントの基本を整えた後、順調に成果に向かう組織と、そうではない組織があります。その違いは、どこにあるのでしょうか。

次のやり取りは、私がマネージャーのみなさんに期中のチームでの定例ミーティングについて質問した時のやり取りです。

私「期中の会議はどの程度のタイミングでどのような内容で行っていますか？」

マネージャー「週に1回、1時間程度の時間をかけて、経営会議の内容や情報を共有した後、案件の進捗状況を確認しています。最近はテレワークが増えたため、チームでは毎日10分程度の朝会を開催して顔合わせを行い、月に1度は1対1で個別に話をしています。それ以外は、案件ごとの打ち合わせが多いです」

私「案件の進捗確認は、どのように進めていますか？」

マネージャー「メンバーに一人ひとり案件の進捗状況を発表してもらいながら気になったことがあれば質問し、報告や相談があればそれに答えるようにしています」

私「あなたが話す時間とメンバーが話す時間は、どちらが多いですか？」

マネージャー「伝達事項は私がだいたい一方的に話をしています。案件の報告はメンバーが話をしている時間の方が多いですね」

私「メンバーから会議中に質問は出ますか？」

マネージャー「あまり出ないですね。もっと積極的に関わって欲しいのですが」
私「チームメンバー同士でコミュニケーションを取る機会はありますか？」
マネージャー「あまりないですね」

マネージャーが一方的に話す。
メンバーから質問が出ない。
メンバー同士のコミュニケーションがあまりない。

このような状態は、多くの組織で見られるものですが、残念ながらこれでは期初に共有した地図が進化することはありません。そのまま期末に向かって行っても、目標達成は難しいかもしれません。同時に、メンバーの成長もあまり見込めないでしょう。

そうならないためには、マネージャーは意識して、全員の参画感を高める必要があります。例えば、チームメンバー全員が集まる場を積極的に活かし、期初に描いた地図をもとに、同じ視界でチームの課題について議論しましょう。

期初に描いた地図は、あくまで期初時点での仮説にすぎません。期中は、コミュニケーションを通してその仮説を実践し、検証します。

期中に各メンバーがそれぞれの役割を担い活動しますが、当然すべてが上手くいくわけではないでしょう。いろいろな理由で施策が上手く前に進んでいないケースもあるでしょうし、施策は実行されたものの上手く結果に結びつかないケースもあるはずです。また、環境の変化によって施策の変更を余儀なくされることもあり得ます。

期初に施策を決め、みんなで一生懸命に取り組みさえすれば必ず結果がついてくるというものではありません。めまぐるしい環境の変化や多様な顧客ニーズに柔軟に対応しながら、進めている施策に○×をつけ、軌道修正を図る必要があります。良い施策は強化し、成果につながらない施策には見切りをつけ、さらに新しい施策を生み出していく。そして、それはマネージャー一人が考えるのではなく、メンバーと共に同じ視界で考えていく。こういったスピード感のある柔軟な動きを主導することが、マネージャーには求められます。

必要なのは、**チームの課題解決を高速回転させる**こと。

チームの課題解決のサイクルが高速で回り、**決して止まらないようにすることが**、ここでのマネージャーの役割です。

■小さな成功体験で達成感を共有する

課題解決のステップは、次の3ステップです。

すべて期初に共有した地図上で行ってください。

1問題となる領域を特定する
2問題の真因（＝課題）を特定する
3課題の解決策を決定する

1問題となる領域を特定する

まず、期初に構造化した各要素や施策の現状を、課題解決の会議の前に整理しておきましょう。データ収集が必要な場合は、メンバーから事前に情報を集めておくといいでしょう。会議の席でその状況を聞き取るのは、あまり効率がよくありません。

次に地図の中で上手くいっているところと上手くいっていないところを要素ごとに明確にしましょう。次ページの図にあるように「晴れ」「曇り」「雨」マークなどで表示しておくと、視覚的にもわかりやすいと思います。「晴れ」は問題なし、「曇り」はやや問題あり、「雨」はすぐに対処するべき問題あり、という意味です。

図の例を見ると、この時点での売上高が理想の2億円に対して1.5億円になっていて、5000万円ショートしています。そしてその原因をたどっていくと客数が10社足りず、その原因として提案数と受注率の両方が足りないことがわかります。定量的な達成水準が設定されていてデータで問題を特定できる部分は、情報さえ収集できればマネージャー一人でできますが、定性的な部分はメンバーの協力が無いと特定が難しいでしょう。

ここでは、まず受注率が低い点について考えていきます。地図を見ながら話し合いを進めると、受注率が低い要因の一つとして企画内容の質に問題があることがわかりました。こ

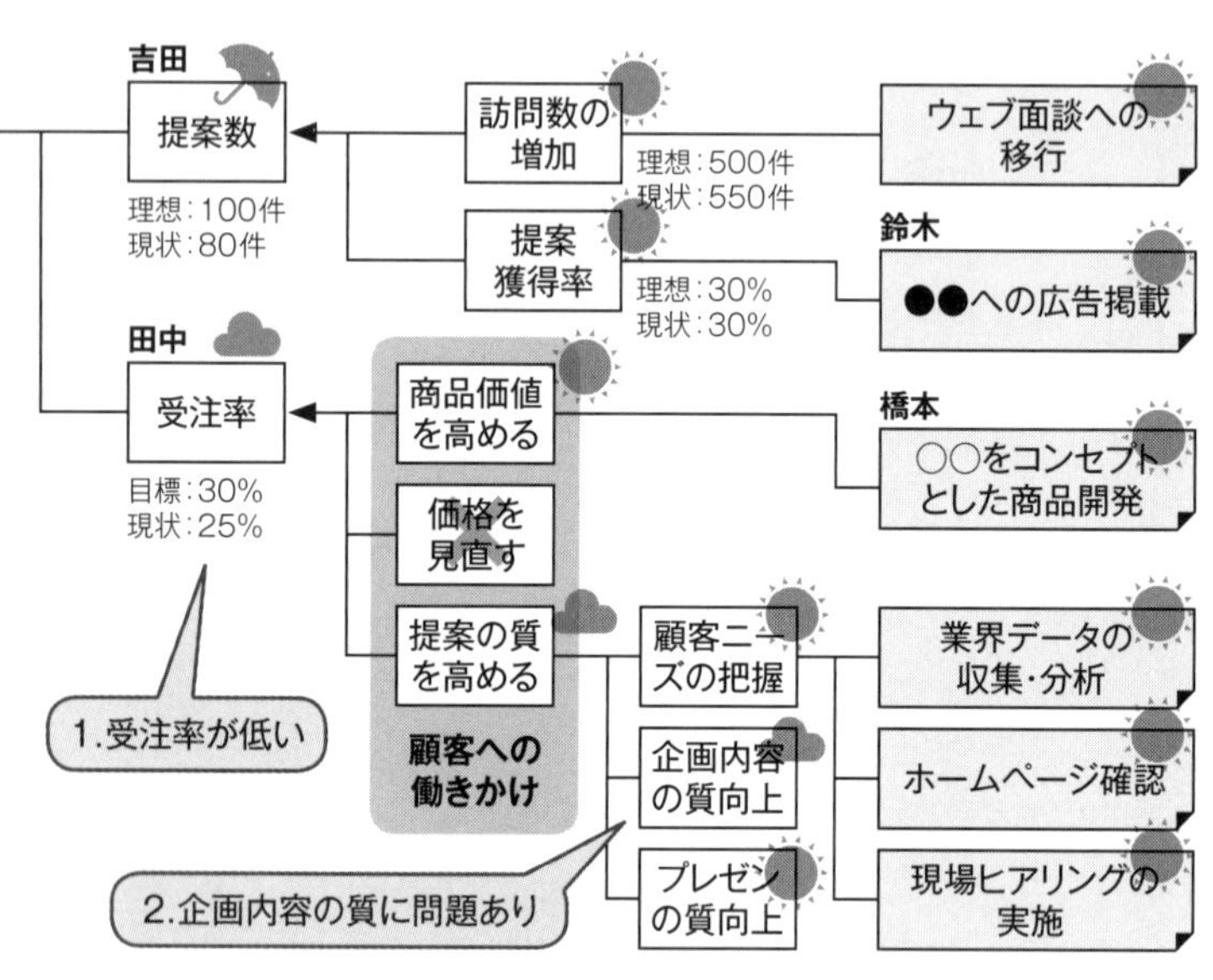

のように、期初に地図を描いていることで、期中にチーム内で成果や問題点を視覚的に共有することが容易になります。

昨今はマーケティング部門や経営企画、営業企画部門に限らず多くのチームでツリーの各要素の指標を定量的に測定できるものにし、理想と現状をデータで管理しながら問題点を特定する動きが活発になっています。あなたのチームの目標が数値である場合には、可能な限り指標を定量的

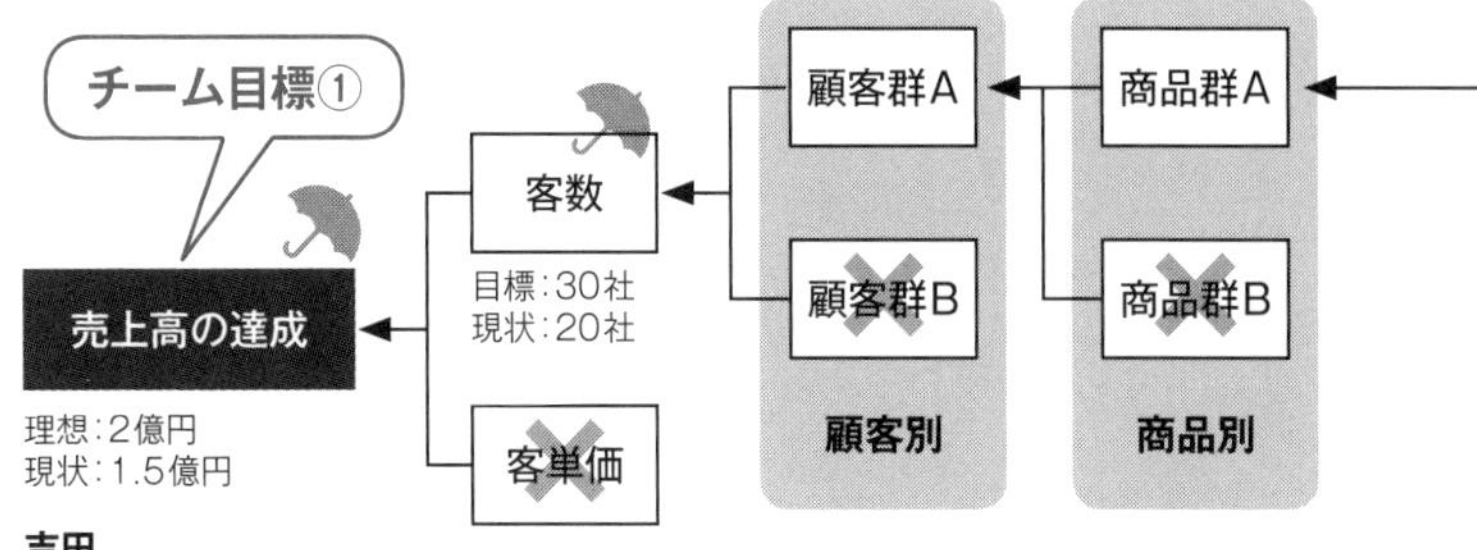

に測定できるものにしてみましょう。

理想と現状を数値にすることで認識がずれることがなくなり、視界共有のレベルが一段上がります。そのことが自立的な思考を促します。

2問題の真因（＝課題）を特定する

期初に、地図をしっかり描いていると、1の問題の特定を行った段階で、問題の深掘りがある程度できているのがわかると思います。期中に、「なんで売上が目標に未達なんだ？」というような議論を1からスタートさせないですみます。

238ページの図の例では「企画内容の質が良くない」という問題の原因をチームのみんなで議論していくと、企画提案書の「コンセプトが不明瞭ではないか」「商品説明がわかりにくいのではないか」「事例紹介が不十分なのではないか」などという意見が出ました。チーム内の議論を集約する際は、目標設定をした時と同様に、構造化を意識して原因を整理していくことが大切です。ここでは問題の真因（＝課題）として「事例紹介が不十分」であるという結論に達しました。

問題の領域や課題を特定する際に、マネージャーは積極的にメンバーに意見を求めます。その時に心がけるべきなのは、マネージャーもメンバーもあくまで自分のことは棚に上げて、客観的な立場で意見を出すということです。間違ってもマネージャーは「●●さん、受注率が低いのは何で？　しっかり行動できてないいんじゃないの？」などと詰問するべきではありません。なぜなら、それによってメンバーの心理的な安全が脅かされ、良い意見が出なくなってしまうからです。

メンバーはマネージャーから質問を受ける時に、自分が責められているのか、それとも相談をされているのかを、瞬時に判断しています。マネージャーが答えを持っていて反省を促すような問いかけばかりしていると、議論が単なる反省会のようになってしまいます。

問題の真因を考える力は、メンバーの自立を支える非常に大切な力です。ここが弱いと議論が上滑りしてチームの力が向上しません。マネージャーはメンバーの積極的な発言を促し、メンバーが考えて発言することに楽しさを覚えられるように会議を進行しましょう。

もしあなたが、普段から自分では意図せず答えを持っているようなコミュニケーションをとりがちなのであれば、自分は議論の輪から外れてメンバーが個人で考える時間を取るといいかもしれません。

3 課題の解決策を決定する

原因を構造化し課題が特定できたら、解決策をメンバー全員で考えましょう。

次ページの図の例では、施策として「事例資料を刷新する」ことになりました。このよ

施策

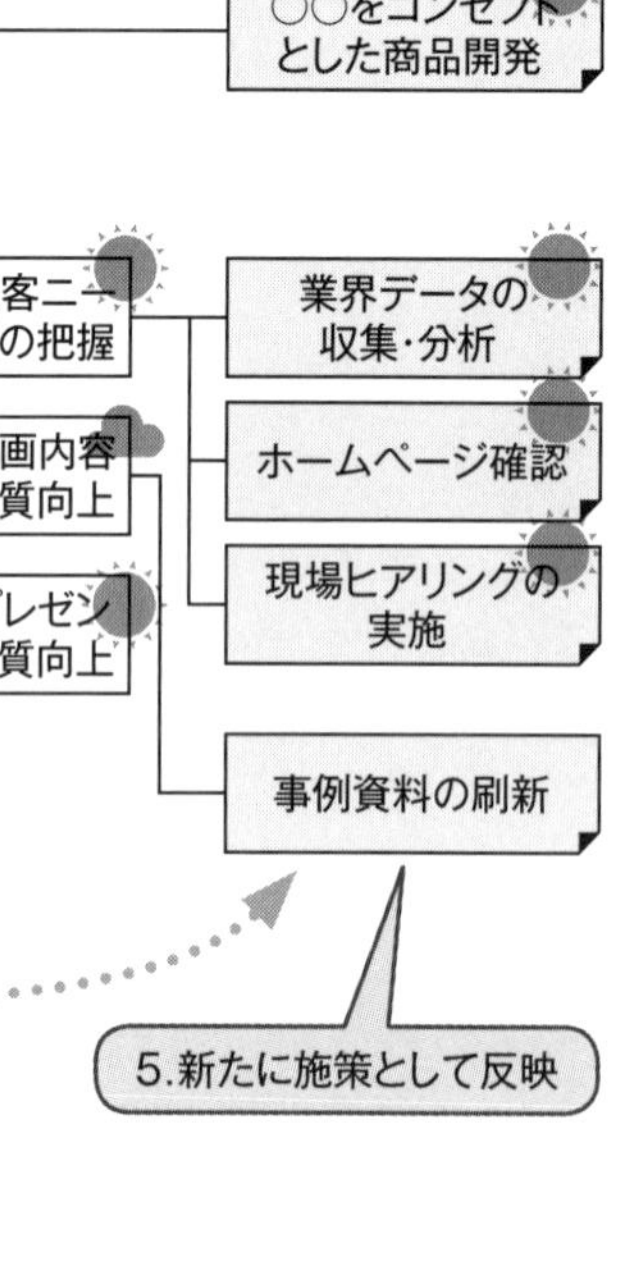
吉田
提案数
理想：100件
現状：80件
訪問数の増加
理想：500件
現状：550件
ウェブ面談への移行
提案獲得率
理想：30%
現状：30%
鈴木
●●への広告掲載
田中
受注率
目標：30%
現状：25%
橋本
商品価値を高める
○○をコンセプトとした商品開発
価格を見直す
提案の質を高める
顧客ニーズの把握
業界データの収集・分析
ホームページ確認
現場ヒアリングの実施
企画内容の質向上
プレゼンの質向上
事例資料の刷新
顧客への働きかけ
1.受注率が低い
2.企画内容の質に問題あり
5.新たに施策として反映

目標　目標の構造化

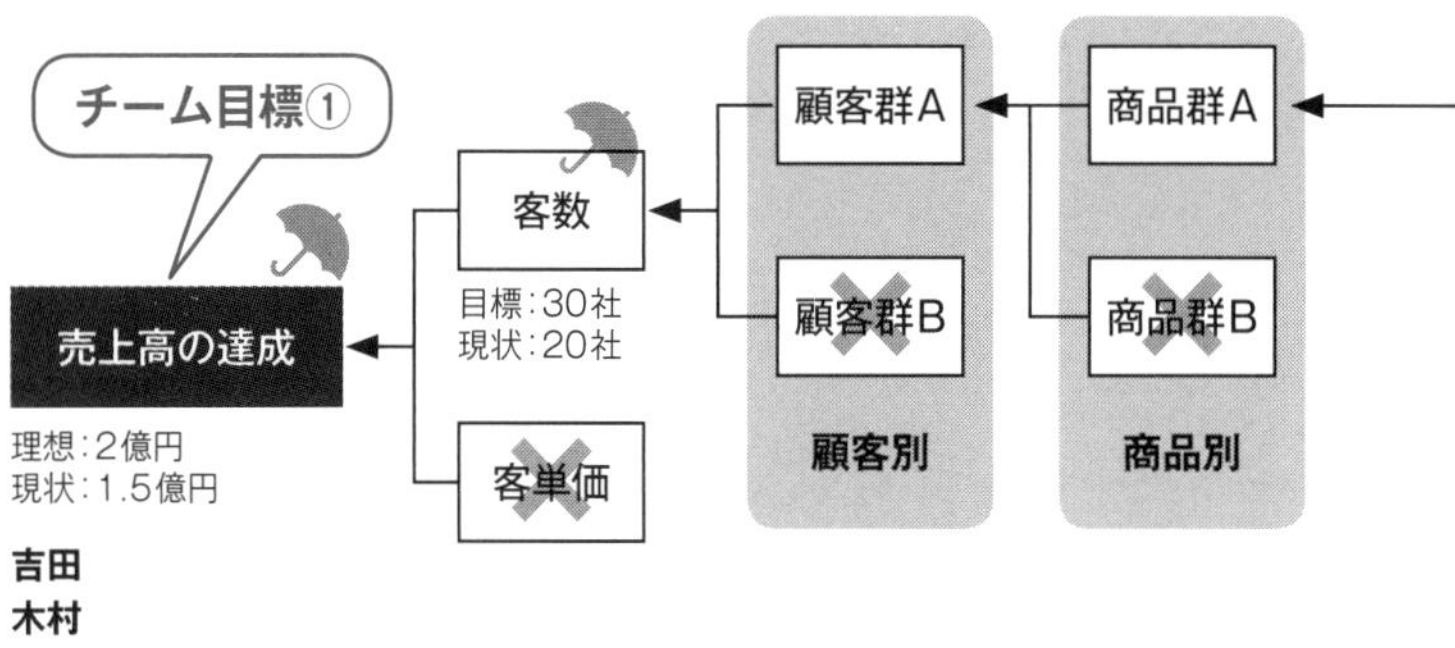
チーム目標①
売上高の達成
理想：2億円
現状：1.5億円
客数
目標：30社
現状：20社
客単価
顧客群A
顧客群B
顧客別
商品群A
商品群B
商品別
吉田
木村
田中

3.事例紹介が十分ではない
問題
問題の構造化
解決策
企画内容の質が低い原因は?
問題①
コンセプトが不明確
商品説明がわかりにくい
事例紹介が十分ではない
4.事例として刷新しよう
事例資料の刷新

うな新たな施策は、地図に要素として追加しておきます。このように、地図は生き物のように目標達成のための最適解に向けて変化をしていきます。

次に、もう一つの問題である「提案数」も見ていきましょう。こちらは応用編です。242ページの図のように提案数が理想に達していない原因を探るべく地図を検証すると、関連すると思われる訪問数も提案獲得率も理想を満たしていました。では、なぜ提案数が足りないのでしょうか。この要因を見つけ出すことが、次の議論のテーマになります。

ここでは「理想の設定がそもそも間違っていたのでは?」「提案数を増やすには、訪問数を増やし提案獲得率を上げるだけでは駄目なのではないか?」といった新たな問題意識がチーム全体に醸成されます。提案数が増えない原因についてメンバーに意見を聞くと、「お客様のキーマンに会えていないことが理由なのでは?」という意見が出ました。

そこで、マネージャーから「ではキーマンに会えていないのはどうしてでしょうか?」と、またメンバーに意見を求めます。

すると「例えば商品紹介セミナーの時など、訪問前からキーマンにアプローチできるともっといいのでは?」「訪問した時にキーマンが誰かを聞いて、キーマンに会えるような工夫が必要なのでは?」という意見が出ました。

このように対話を繰り返しながら問題の真因を洗い出し、課題が特定できたら解決する施策を考えていきます。そしてキーマンに会えていないという議論をしたことで、期初につくった地図に追記します。

いかがでしょうか。課題解決を図りながら、地図が進化していく様子がおわかりいただけたのではないかと思います。議論にメンバーを巻き込むことで、チームの理想への問題意識が醸成され、参画意識が高まります。期中は、これを毎月繰り返し行っています。

課題の解決策を検討する時のポイントを一つ挙げると、できるだけ短期間で成果が見える施策を優先的に取り入れることです。長期間かかる施策を選択するとメンバーの達成感が醸成しにくく、チームのマインドが停滞しかねないからです。最長でも3ヶ月程度で結果の出る施策を選びたいものです。最初のうちは、メンバーはチームの課題解決に慣れていません。この場面で大切なことは、チームの課題を解決するという小さな成功体験で達成感を共有することです。これによってチームで課題を解決することに楽しさを覚えることができると、メンバーの自立はさらに促されます。

つまり「自分でチームの課題を解決していきたい」と思えるようになります。これを繰

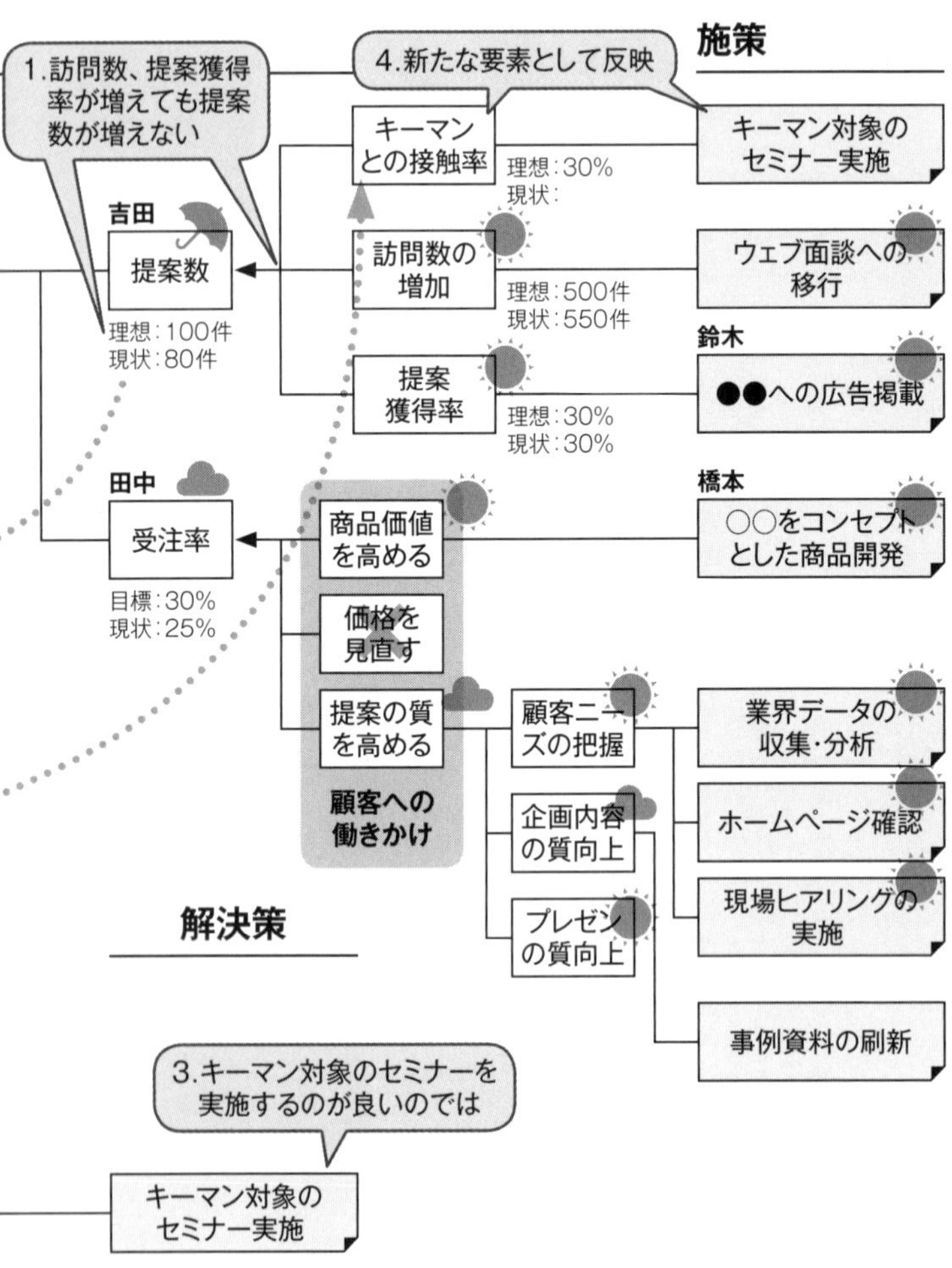
施策
1.訪問数、提案獲得率が増えても提案数が増えない
4.新たな要素として反映
キーマンとの接触率
理想：30%
現状：
キーマン対象のセミナー実施
吉田
提案数
理想：100件
現状：80件
訪問数の増加
理想：500件
現状：550件
ウェブ面談への移行
鈴木
提案獲得率
理想：30%
現状：30%
●●への広告掲載
田中
受注率
目標：30%
現状：25%
橋本
商品価値を高める
○○をコンセプトとした商品開発
価格を見直す
提案の質を高める
顧客ニーズの把握
業界データの収集・分析
企画内容の質向上
ホームページ確認
プレゼンの質向上
現場ヒアリングの実施
事例資料の刷新
顧客への働きかけ
解決策
3.キーマン対象のセミナーを実施するのが良いのでは
キーマン対象のセミナー実施

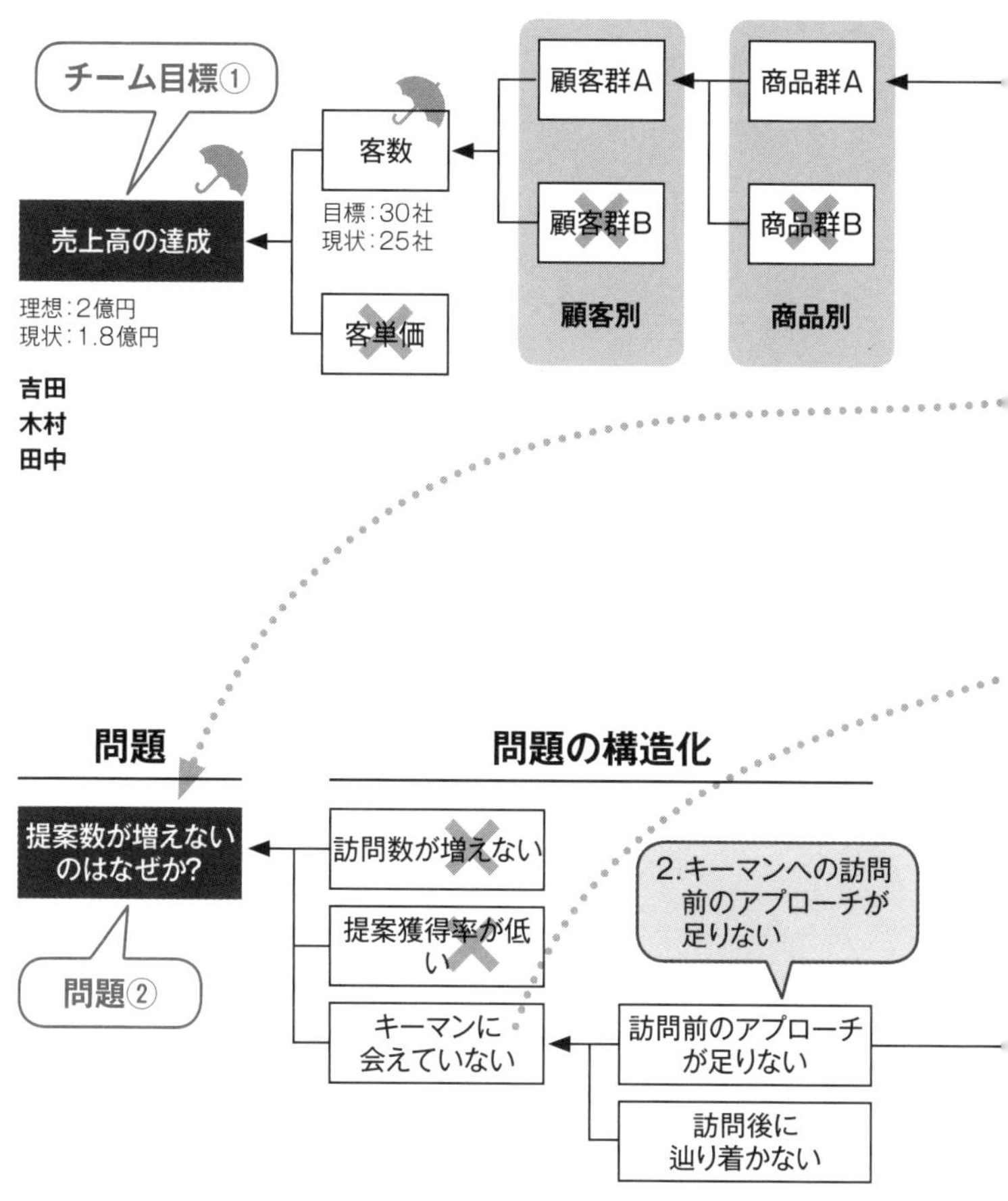
目標
目標の構造化
チーム目標①
売上高の達成
理想：2億円
現状：1.8億円
吉田
木村
田中
客数
目標：30社
現状：25社
客単価
顧客群A
顧客群B
顧客別
商品群A
商品群B
商品別
問題
問題の構造化
提案数が増えないのはなぜか?
問題②
訪問数が増えない
提案獲得率が低い
キーマンに会えていない
2.キーマンへの訪問前のアプローチが足りない
訪問前のアプローチが足りない
訪問後に辿り着かない

り返していくことで解決しやすい課題と解決しにくい課題を理解し、会社ならではの制約を理解したりしながら、**マネージャーと同じ目線で仕事ができるようになっていきます。**

会議は誰かが議事録を取りながら進めることをお勧めします。図のような簡単なフォーマットでいいので、地図の中で問題点、課題、その解決策を記入しておきましょう。

■破　指示管理型以外の3タイプの考え方を取り入れる

期中にも守破離の破として、弱点を克服するために、指示管理型以外の3タイプの考え方を取り入れていきましょう。

1課題解決に規範を取り入れる（ビジョン型の考え方を取り入れる）
2個別課題を解決する（奉仕型の考え方を取り入れる）
3ナレッジをシェアする（職人型の考え方を取り入れる）

順に説明します。

問題解決のフォーマット

	問題点	問題の根本原因＝課題	具体的施策	責任者	成果
4/10	期初に立てた施策のため未記入		●ウェブ面談への移行	全員	●
4/10			●●●への広告掲載	鈴木	●
4/10			●●●をコンセプトとした商品開発	橋本	●
4/10			●業界データの収集・分析	全員	●
4/10			●現場ヒアリングの実施	全員	●
5/25	●企画内容の質が低い	●事例紹介が十分ではない	●事例資料の刷新	田中	
5/25	●提案数が増えない	●訪問前にキーマンへのアプローチが足りていない	●キーマン対象のセミナー実施	吉田	
●/●					

1 課題解決に規範を取り入れる（ビジョン型の考え方を取り入れる）

ビジョン型については、期初に目的と目標の両方を語ることの重要性を説きました。期中は「規範を浸透する」という考え方を課題解決に取り入れます。規範とは、成果や成長にこだわり、高い顧客志向、強い仕事への責任感、そしてマナーとモラルなど、ビジョンを達成するために必要な考え方を指します。

ビジョン型はワクワク感だけのマネジメントと誤解されがちですが、「ワクワクするビジョンを達成するためにはメンバーに高い意識や行動を求める」という考え方のもと、厳しい行動規範が課されるのが特徴です。甲子園を目指しているチームと楽しく野球がやればいいというチームでは、練習時間や練習への取り組み方、一人ひとりのプレーに対する考え方や価値観に違いがあって当然でしょう。それに似ています。

しかし、チームで一体感を持つために規範は有効ですが、行き過ぎると問題も出ます。ビジョン型を軸にする組織で共感する人を厳選して採用するような場合を除き、個を尊重する時代では、マネージャーが規範に厳格でありすぎると、反発を招きかねません。

一方、チームの会議で課題解決を行う中で規範を重視することは、十分に可能ですし重要です。スポーツに例えて、試合では規範を求めてロッカールームでは規範はそこまで求めない、とイメージしてもらえたらわかりやすいかもしれません。そこで伴走するマネジメントでは、まず課題解決の場面で規範を取り入れることを考えていきます。ここで求める規範は、課題解決をする際に最低限、押さえておいた方がいい規範です。

課題解決で求められる代表的な規範は次の二つです。

破の施策(期中)

	期初		期中		4タイプの位置づけ
守 軸を極める	チーム目標攻略の地図を描く	3章	課題解決を高速回転させる	4章	指示管理型 / ビジョン型 / 職人型 / 奉仕型
破 弱点を克服する	目標の目的を魅力的に語る	3章	**課題解決に規範を取り入れる**	4章	指示管理型 / ビジョン型 / 職人型 / 奉仕型
	地図作りにメンバーを巻き込む	3章	**個別課題を解決する**	4章	指示管理型 / ビジョン型 / 職人型 / 奉仕型
	率先垂範する領域を決める	3章	**ナレッジをシェアする**	4章	指示管理型 / ビジョン型 / 職人型 / 奉仕型
離 幅を広げる	理念を策定する	5章	理念を浸透する	5章	指示管理型 / ビジョン型 / 職人型 / 奉仕型
	キャリア面談を行う	5章	1 on 1を習慣にする	5章	指示管理型 / ビジョン型 / 職人型 / 奉仕型
	業務改善に着手する	5章	新領域に専念する	5章	指示管理型 / ビジョン型 / 職人型 / 奉仕型

①自責と他責を両立させる
②チャンスとリスクの両面を見る

これらの規範は、あくまで私が様々な会議に出席して得た教訓でもあります。ご自身のチームで課題解決をする中で、これ以外にも大切な規範が出てくるでしょう。その場合は、もちろんそれらを取り入れていきます。

①自責と他責を両立させる

何か問題が起きた時の反応は人によって違います。例えば、最近お客様に提案はするものの受注につながっていないとします。そのことについて、ある会社への提案の帰り道に原因を考えていました。

「企画が十分に練れていないのか…」「ヒアリングが十分では無いのか…」などと、前向きに反省することができる場合もあれば、「そもそも商品の付加価値が無いのに自信を持ってプレゼンできる訳が無い」というように、他に要因を求めたくなる場合もあるでしょう。また「そもそも自分はコミュニケーションの才能が無いんだよな」と、自分の才能に帰結させることもあるかもしれませんし、「自分が新人の頃は研修の機会なんて少なかったからな…」などと、過去の環境を嘆くこともあるかもしれません。

次ページの図に示したように人が原因を帰結させるパターンは四つあります。

縦軸の環境に原因を帰結させることを他責、自分の行動に原因を帰結させることを自責と呼びます。そして一般的に言われるのは、環境要因や遠い過去の出来事は変えられないので右下の変えられることに目を向けましょう、ということです。

自責の良さは、自分に目を向けていることです。自分の行動や能力のどこが足りていないかがしっかり見つめられるので、成長しやすいという特徴があります。変えられる自分に目を向けた方が成長につながるからです。課題解決の場面でも、他人を批判したりするより、自分の行動を反省した方が解決につながりやすいはずです。

しかし、課題解決の場面では必ずしも他責が悪いというわけではありません。実は他責にも良さがあります。

商品の改善点や会社の良くないところなど、他責の人は周りをよく見ているという特徴

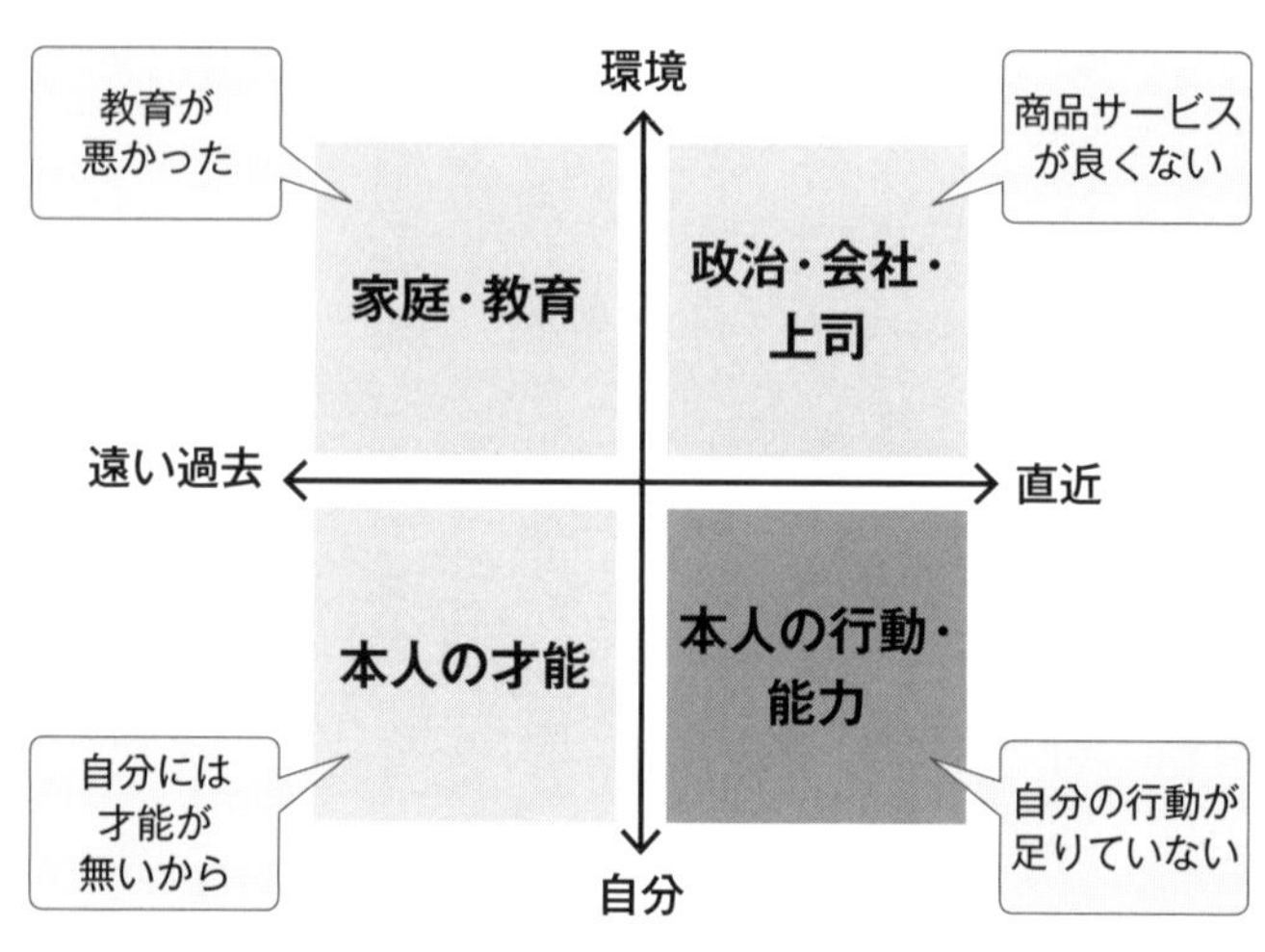

があります。ですから他責と自責のどちらの思考も大切で、結果的にはどちらもできる柔軟な思考が求められます。

人材育成を目的とした対話の場面ではメンバーが自責でないと成長しにくいので自責を求めますが、**チームの課題解決を目的とした場面では他責も自責も大切というところがポイントです。**

そして本当に大切なのは他責的に考えてみたり自責的に考えたり、いろいろ柔軟に思考してみるけれど、最後は自責の行動、つまり自分の行動で終わらせることです。

例えば先ほどの提案の例で言えば、商品が良くなかったという気づきは他責的であり、マネージャーからは「自分の行動に目を向けられていない。もっと反省した方がいい」と叱られそうですが、実際に商品が良くない可能性もあります。ただ、ここで「商品が良くないんだよなー」と思っただけで終わらせてしまえば、課題解決は前に進みません。商品が良くないのであれば「それを改善するためにはどうすればいいか？」という問いに対して自分なりに答えを出し、例えば改善点をマネージャーや他部門に進言すればいいでしょう。それが自責の行動で終わらせるという意味です。もしその進言が通らなかったとしたら、別の原因や解決策を考えて、また最後は自分の行動で終わらせる。これがチームの課題解決で取り入れて欲しい規範の一つです。

これをみんなが意識することで、チームの課題解決は停滞することがありません。

最もよくないのは、課題解決のサイクルが止まることです。**課題解決のサイクルが止まりさえしなければ、いつかは答えに辿り着きます。**他責にせよ自責にせよ、問題が解決しない状態で思考や行動を止めてしまう人は少なくありません。そうなると、折角描いた地図が絵に描いた餅のまま終わってしまいます。しかし「最後は自分の行動で終わらせる」ことさえ全員が守れば、必ず地図は進化していきます。

②チャンスとリスクの両面を見る

有名な逸話に、２人の靴のセールスマンが未開の地に靴を売りにいく話があります。

セールスマンAは、そこに住む人の様子を見て上司にこのように報告しました。

「この国に靴の需要はありません。みんな、靴を履くという習慣がないようです」

セールスマンBも同じ未開の地に降り立ち、住む人の様子を見て上司に報告を入れます。

「この国は大きなマーケットになりそうです。靴を履く習慣がまだないのですから」

日本企業は前例主義で「この施策は、競合他社を見回してもどこもやっていないからリスクが大きい」という考え方が強いと言われていますが、一方で「この施策は競合他社を見回しても、どこもやっていないからうちが率先して行ったら先行者利益を得ることができるかもしれない」という発想も大切です。

採用の場面などでも「彼はこの分野についてわかったように語っていますが、実際には経験がないので採用するのはリスクがあります」という考え方もあれば「経験がないのにあれだけこの分野について語れるのは、ＷＩＬＬがあるということだろう。だとしたら伸びしろが十分にある」という考え方もあり、どちらも間違ってはいません。

グラスに半分の水が入っていて「もう半分しかない」と思うのか、「まだ半分ある」と思うのかは、人によって違います。

このように自責、他責同様に、チャンスとリスク、ポジティブとネガティブの両方の考え方を許容しつつ、意思決定をしていくことが目標設定や課題解決の時には求められます。

というのもビジネスの世界では、あらゆる場面で行き過ぎた前例主義や楽観論がはびこりやすいからです。マネージャーがメンバーに求めるべきは、画一的な考え方に囚われずに柔軟な思考で物事を考え、その上で自分なりの意思決定ができるようになることです。

思考が柔軟ではない人同士で議論をしていても納得感は醸成されません。なぜなら見ているものが違うからです。先の靴のセールスマンの話でも、ある人が「たしかにBのように誰も靴を履いていないから需要があるという見方もある」と考え、他の人は「たしかに誰も履いていないということは、需要が過去になかった、ということだ。その考えは自分にはなかった」というように、お互いが思考を柔軟にして相手に歩み寄り、その上でさらに調査をしたり、上司に意見を仰いだりしながら「需要がある、という仮説のもとに施策を考えていこう」と考えることができれば、良い課題解決につながります。

ここまで説明してきたように高いレベルで課題解決ができる人とできない人の違いは、専門性や地頭の良さ、情報を分析するスキルなどもありますが、何より「思考持久力」の差が大きいと思います。聞き慣れない言葉かもしれませんが、陸上競技で使われる瞬発力と持久力という言葉になぞらえ、指示や質問に対して即座に考えて答えを出す力を思考瞬発力、より良い答えが出るまで柔軟に考え続けることができる力を思考持久力と呼んでいます。

会議や顧客との打ち合わせでは、相手からの質問に対して即座に質問に答えられないと相手から信用をなくしてしまうので、瞬発力の必要性を感じる人は多いと思います。一方、思考持久力に目を向ける人はあまり多くありません。なぜ思考持久力が大切かというと、**ビジネスでは思考と行動を止めない限り、いずれ正解に辿り着く**ことが多いからです。

ある目的や目標に向けて行動すると問題が発生する。そしてその問題を解決するとまた新たな問題が見つかる。そしてまた、それを解決する。これを繰り返すことで、最終的に目的は実現します。月面着陸やDNAの発見といった偉大な功績も、基本的には課題解決の繰り返しから目標に辿り着いています。多くの人は、偉大な目標達成の理由を特別な才能に帰しがちですが、最もシンプルですが意外と難しい規範こそがビジネスの成功につながる、ということをマネージャーがメンバーに浸透できると、そのチームは強くなります。

そして、この規範をチームの規範として会議を進めることは、単に言葉で期初に「当事者意識が大切」「経営視点を持って」「責任感を持ちましょう」「顧客の期待を超えよう」などと伝えるよりも、何倍も効果があります。

2 個別課題を解決する（奉仕型の考え方を取り入れる）

「『社員のエンゲージメント（会社との絆によるメンバーの主体的な関わりのこと）を高めるために1on1を実施してメンバーの話を聴く機会を設けましょう』とうちのマネージャー陣にお願いしたら、全員『そんなの意味はない』と拒絶されました」

このような話は珍しくありません。マネージャーだけではなくメンバーからも「何を話せばいいのかよくわからない」「結局は進捗の確認をされるだけだろう」という不満が出ることは少なくありません。このような話は特に指示管理型や職人型の風土が組織に根づいている会社に多いようです。つまりマネージャー陣の言う「そんなの意味はない」の背景には「業績や仕事との紐づきがよくわからないコミュニケーション施策に時間を費やしている暇はない」という不満があるようです。そのような場合は指示管理型の「チームの課題解決」に奉仕型の「メンバーとの関係構築」の考え方を取り入れるといいでしょう。

指示管理型の課題解決の弱点は「マネージャーの意識がチームの業績に向かいすぎる」ということにあります。

たしかにビジネスにおいて優先すべきはチームですが、チームは個の集まりです。マネージャーは個々のメンバーが最大のパフォーマンスを出すために必要なことは何か、障壁になっていることはないかを、メンバーと定期的に面談で共有し解決します。コミュニケーションを手厚くすることが、何よりもマネージャーとメンバーの関係構築になります。

仕事ではまったく助けてくれないのに、飲み会では偉そうに上から目線で武勇伝を語る。

それで「メンバーとはいつもコミュニケーション取れているから関係はできている」というのは間違っています。マネージャーは、メンバーの成果や成長を支援する存在であることが、関係構築に寄与します。

メンバーの人数にもよりますが、少なくとも1ヶ月に1回は1対1の面談を持つといいでしょう。もちろん、時にはネガティブなフィードバックをしなければならない場面もあると思いますが、それは関係構築にマイナスに働くので注意が必要です。こちらについては後述します。

個別面談を進める上でのポイントは次の通りです。

①「結果」「施策」「言動」「能力」「やる気・意欲」の5つの観点を分けて考える
②事実をもとに話をする
③できていること、強みなどポジティブな部分に目を向ける

①「結果」「施策」「言動」「能力」「やる気・意欲」の5つの観点を分けて考える

チーム、個人の結果は様々な施策に支えられています。また、その施策は日々の望ましい行動によって実行され、そのベースには個々人の能力ややる気、意欲があります。マネージャーは、メンバーに最大のパフォーマンスを上げて欲しいと願うものですが、いつも望ましい結果につながるとは限りません。

そしてその課題はそれぞれのメンバー、それぞれの仕事によって異なりますが、当事者であるメンバーが自分で課題について客観的に分析することは、意外と困難です。

分析ができないと、意欲を高めることが大切なのか、育成が必要なのか、日々の行動習慣を変えることが求められているのか、施策のアイデアを一緒に考えた方がいいのかわかりません。そこでマネージャーは、次ページの図のように①から⑨の順に客観的な立場でメンバーの話を聴き、「結果」「施策」「言動」「能力」「やる気・意欲」という五つの観点のどこに課題があるのかをメンバーと共有し、時に解決を支援しましょう。「時に」と書いたのは、メンバーによって自分で課題を解決できる人と支援が必要な人に分けられるからです。まずは面談の中で課題を共有することに努めてください。

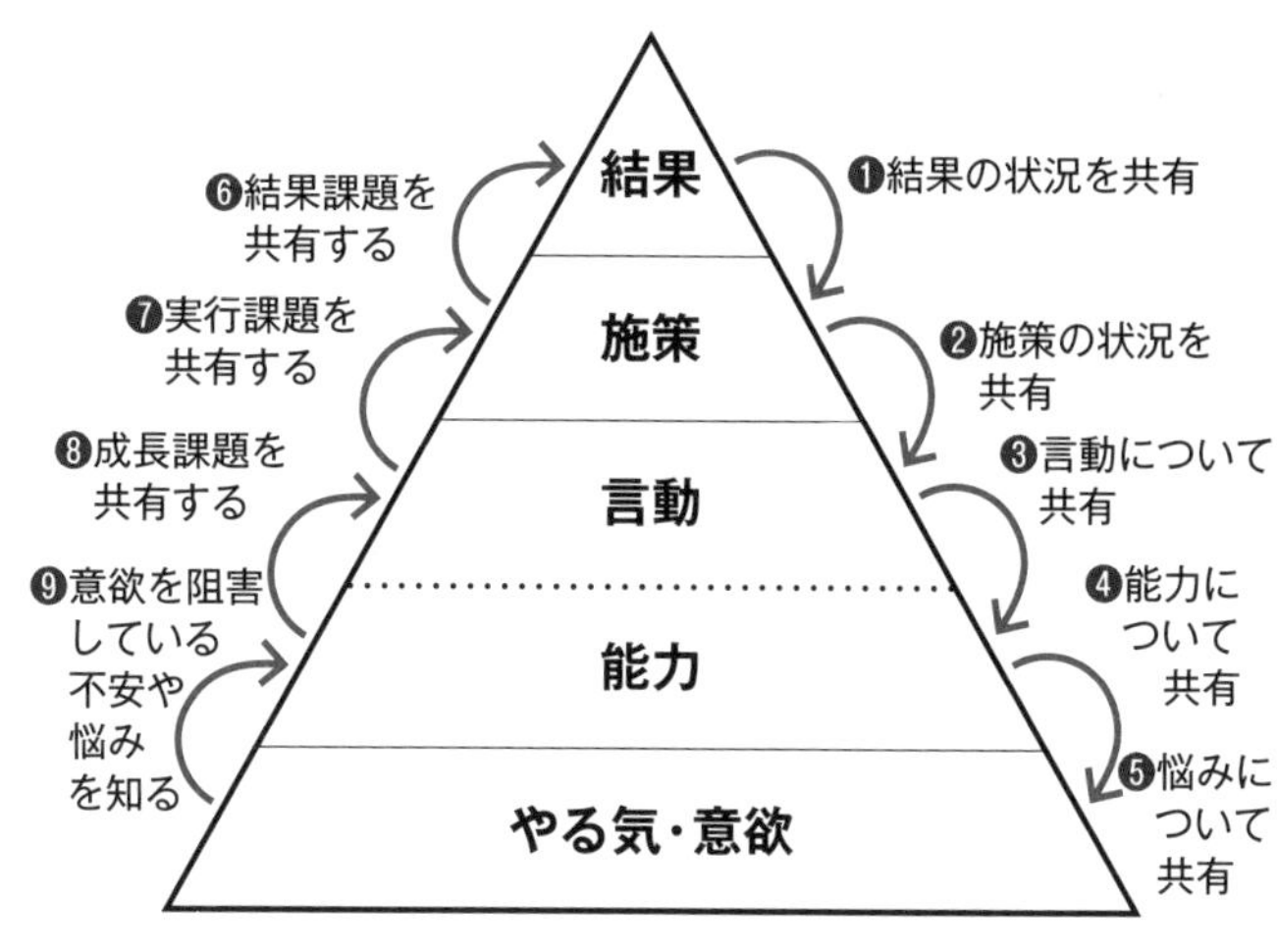

②事実をもとに話をする

五つの観点で認識を共有する時に大切なのは、できるだけ事実をもとに認識をすり合わせることです。評価などでも起こりがちですが、「努力が足りないのではないか」「やる気がないように見える」というような、根拠がどこにあるかわからないマネージャーの発言はメンバーの不信感を招くだけです。また、これはマネージャーに限りません。

メンバーがマネージャーと共有する際にも、可能な限り事実をもとに共有するように促してください。

③できていること、強みなどポジティブな部分に目を向ける

面談の際、「ここが足りない」「ここの能力が低い」などとネガティブな指摘ばかりするマネージャーがいますが、まずできているところや強みに目を向けることが原則です。人は「誰に言われるか」によって受容力が変わります。信頼できている人から言われることと、信頼できない人から言われることでは、受け入れ方が違います。ネガティブなフィードバックをどうしてもしなくてはならない場合は、次の3点を考慮しましょう。

前もって信頼の残高を確認する

メンバーにどの程度信頼されているのか、マネージャー自身が考えてみましょう。信頼は貯金のようなもので、相手にとってポジティブな言動があれば増えますし、ネガティブな言動があれば減っていきます。例えばポジティブな言動とネガティブな言動を対照させると、以下のようになります。

信頼残高を増やすポジティブな言動

「権威・ブランドがある」
「仕事ができる」
「経験や専門性が高い」
「責任感がある」
「言行が一致している」
「誠実である」
「話を聞いてくれる」
「心を許してくれる」
「共通点が多い」
「褒めてくれる」

信頼残高を減らすネガティブな言動

「権威・ブランドが無い」
「仕事ができない」
「経験や専門性が低い」
「無責任である」
「言行が一致していない」
「嘘や偽りが多い」
「あまり話したことがない」
「腹を割って話していない」
「共通点が無い」
「ネガティブな指摘が多い」

ポジティブな言動が多ければ信頼は増え、ネガティブな言動が多ければ信頼は減ります。現段階での貯金が少なければ、ネガティブなフィードバックは避けるべきでしょう。

例えば、今期から異動して別のチームでマネジメントをすることになったとします。新しいチームは、これまでとは専門領域が異なり、わからないことが多い状態。しかし、メンバーの仕事ぶりを見てみると、仕事の進め方の効率が悪いことに気づきました。マネージャーとしての成果を出すいい機会と思って、メンバーを集めてそのことについて触れました。しかし、そのフィードバックは反発を生み、メンバーとの対立を生んでしまいました。こういうシーンは珍しくありません。

もし、指摘をメンバーが聴いてくれないようであれば、自分に信頼残高があるのかを確認してみましょう。もし信頼残高が低いと感じた場合は少し回り道ですが、１ｏｎ１を習慣にして、信頼の残高を増やしましょう。１ｏｎ１については、次章で説明します。

目指す姿を共有しておく

私はネガティブなフィードバックをする時、「あなたにとって理想的な働き方はどのようなものですか？」「あなたは成長したいと思っていますか？」という質問をするようにしています。第2章でも説明したように、人は理想を持たない限り、問題意識が醸成されません。問題意識が醸成されていないのにネガティブなフィードバックをされても、「なぜこの人は嫌なことばかり言うのだろう？」と感じるだけです。そうならないために、前提として、目指す姿を共有することが必要です。そのことが、メンバーにとっては問題意識の萌芽につながります。

短期的な関係構築はあきらめる

身も蓋も無い言い方のようですが、時には撤退も必要です。ネガティブなフィードバックの受容度合は、相手の自責性によっても変わってきます。マネージャーが自分の成長のためにフィードバックしてくれていると思える人もいれば、「自分は否定された。否定する人は敵だ」と思う人もいるでしょう。後者はメンバーの思考が柔軟ではないために起こります。チームの課題解決を繰り返しながら成功体験を積むことで思考の柔軟性は上がっていくので、そこに期待しましょう。ただ、ここまでやっても変われないメンバーはいます。その場合は、ネガティブなフィードバックはあきらめるのも一考です。その時間を別なことに使った方がいい場合もあります。

下図に示したのは、面談用のワークシートの一例です。面談ではワークシートを使うことをお勧めしています。このようなものが無いと、最初のうちはどうしても会話が発散してしまい結局業績の進捗確認になってしまうからです。

このワークシートをメンバーに面談前に記入してもらい、面談ではシートをもとにメンバーにプレゼンしてもらいながら、マネージャーは一旦、口を出さずに話を聴くといいでしょう。そして話を聴き終わった

マネージャー氏名：　　　　メンバー氏名：
職位：　　　　等級：

期待される結果	⬅	期待される施策・タスクの実行	⬅	成果に向けた日々の言動	⬅	言動を支える能力	
出ている結果		できていること		原因となる良い言動		支えている強み	
出ていない結果		できていないこと		原因となる悪い言動		足りない能力	
全体を通した課題							
不安や悩み							

ら質問やフィードバックを行ってください。

3 ナレッジをシェアする（職人型の考え方を取り入れる）

職人型については、期初にマネージャーが率先垂範することの大切さについてお伝えしました。期中は「道を整備する」、つまり業務の改善を最優先し、実践します。その中でも特に重要なナレッジをシェアすることに触れたいと思います。**ナレッジとは「チーム内で共有することで仕事の成果や効率化につながる、付加価値の高い情報や知識」のことです。**

チームで一体となって目標達成に向けて地図を共有し、課題解決を実行したとしてもナレッジは個々人に閉じてしまうことがよくあります。その中にはチームとしての成果につながる仕事の手法、成果物、コミュニケーションなど、共有した方がいいものはたくさんあるはずです。そこで、マネージャーは課題解決とは別に個々人のナレッジを共有する機会をつくります。

つまりこれは、職人型マネジメントの考え方を取り入れる、ということです。

マネージャーがプレイヤーとして率先垂範することができているのであれば、まずはマネージャーが勉強会という形で、ご自身のナレッジを共有するのがいいと思います。1ヶ月に1回程度そのような場をつくり、マネージャーから持ち回りで発表したり、議論したりする機会を設けることで、チームのためになることはもちろん、個々人が周囲への貢献を意識する良いきっかけになるでしょう。

読者のみなさんの中には期初、期中含めて職人型についての記述が少ないと感じる人もいるかもしれません。それはその通りで、職人型のマネジメントは他の三つのマネジメント・タイプに比べて最もシンプルだからです。

職人型の目線はつねに仕事に向いていて、自分が良い仕事をして結果を出す、周囲がその背中を見て真似る、そして全体が底上げされる。このような流れです。しかしこれはマネージャーがスーパープレイヤーであるという前提や、メンバーが受身にならず自分もスーパープレイヤーになろうと思うマインドを持っていることが条件です。

それがないと、スーパープレイヤーとそのマネージャーの言うことを聞くだけの受身なメンバー、というチームになってしまうので注意が必要です。

ここまで期中の「守」「破」の施策について説明してきました。期中はこのように、指示管理型に様々な考え方を取り入れることで、チームとしての課題解決のレベルを向上させていきます。

column

クラウドツールを活用する

効果的な地図の運用を目的として、ツールの導入についてご紹介したいと思います。チームのリソースは最小限に絞られ、在宅勤務や残業抑制など働き方も変化する中で、チームで対話をしながら課題解決を行っていくことについても効率性が求められます。

効率化のカギは標準化、平準化、自動化をロボットやＩＴなどを駆使して行っていくことであり、それは会社単位ではなく日々のマネジメントの中でも良いものがあれば積極的に取り入れ活用することが大切でしょう。

ここでご紹介するのは「ｍｉｒｏ（ミロ）」というアプリケーションです。図のようにツリーを直感的につくれるテンプレートが標準装備され、会議等でメンバーと画面を共有できます。また、アクセス権をメンバーに与えれば、いつでも誰でも自分のパソコンやスマホ上で作成した地図や資料を閲覧、アップデートすることができます。このｍｉｒｏでツリーをつくるメリットは、何よりホワイトボードがほぼ無制限の広さである点です。そのため、ツリーが期中の会議において進化していく中で無限に地図を広げていくことが可能です。すでに多くの企業で会議や打ち合わせのファシリテーションツールとして使用されていますが、マネージャーの視界を共有し、チーム全体の視界に昇華させるツールとしてお勧めします。

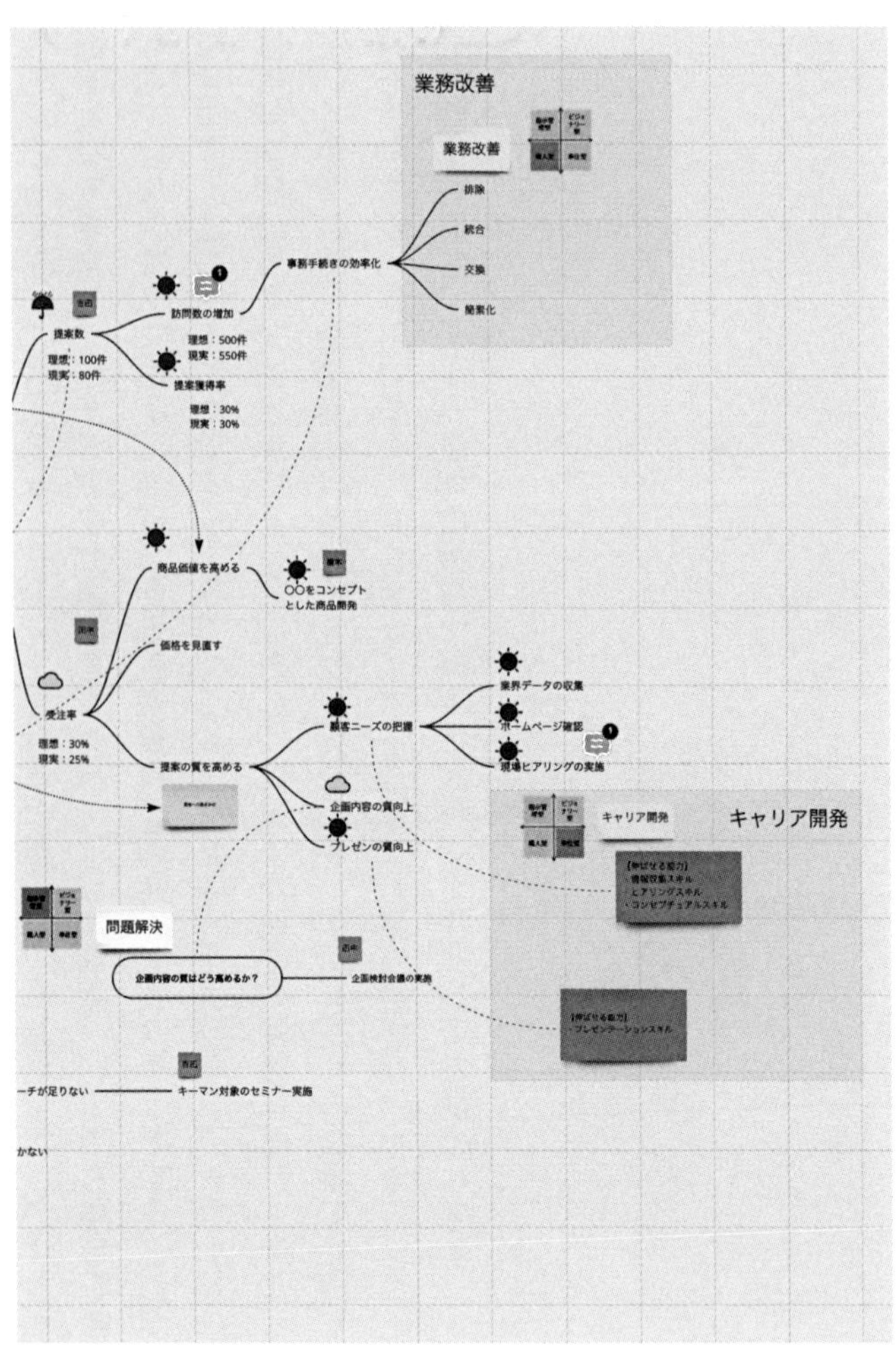

業務改善
業務改善
排除
統合
交換
簡素化
事務手続きの効率化
訪問数の増加
理想：500件
現実：550件
提案数
理想：100件
現実：80件
提案獲得率
理想：30%
現実：30%
商品価値を高める
○○をコンセプト
とした商品開発
価格を見直す
受注率
理想：30%
現実：25%
提案の質を高める
顧客ニーズの把握
業界データの収集
ホームページ確認
現場ヒアリングの実施
企画内容の質向上
プレゼンの質向上
キャリア開発
キャリア開発
【伸ばせる能力】
・情報収集スキル
・ヒアリングスキル
・コンセプチュアルスキル
【伸ばせる能力】
・プレゼンテーションスキル
問題解決
企画内容の質はどう高めるか？
企画検討会議の実施
ーチが足りない
キーマン対象のセミナー実施
かない

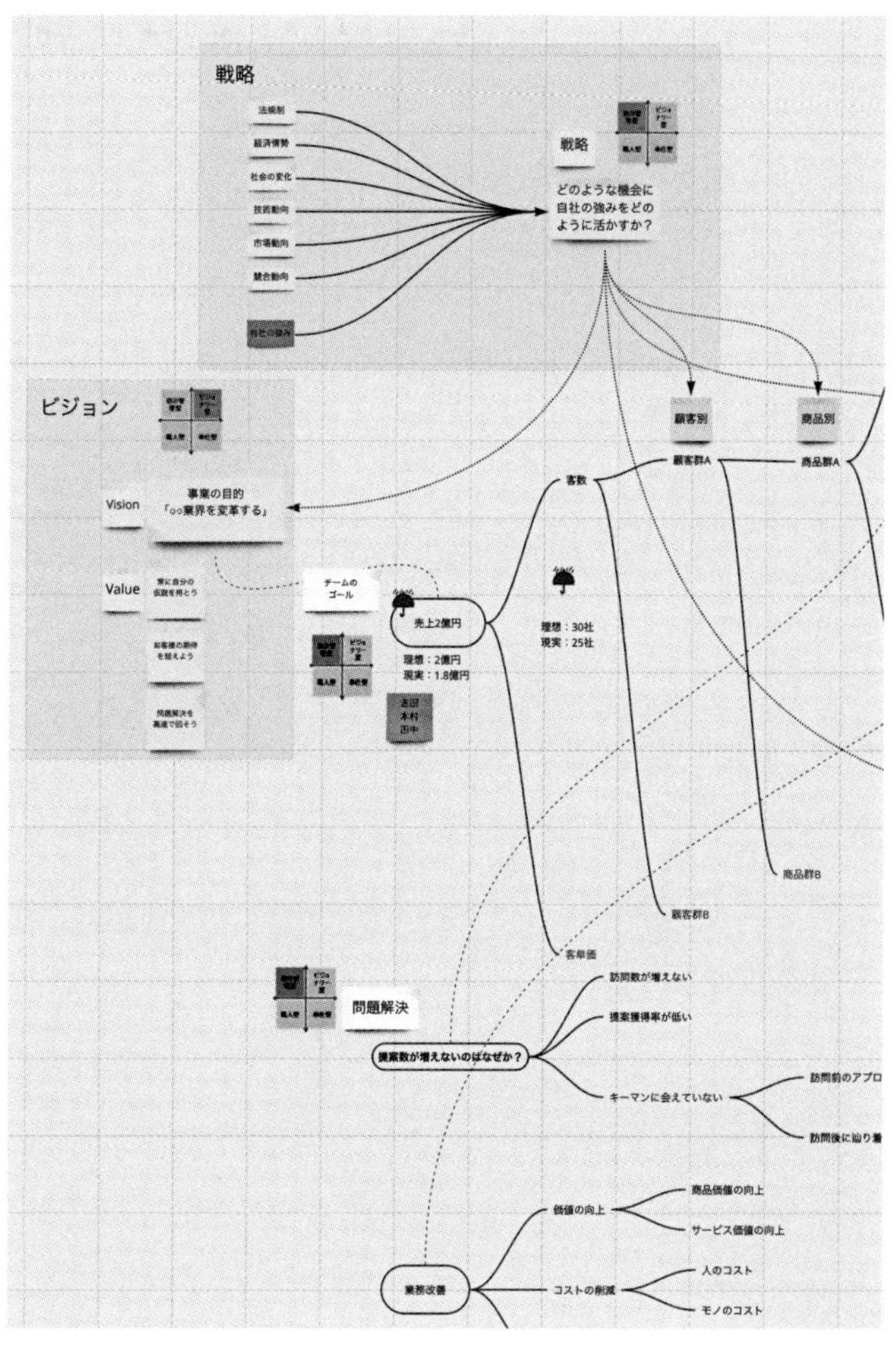
戦略
法規制
経済情勢
社会の変化
技術動向
市場動向
競合動向
自社の強み
戦略
どのような機会に
自社の強みをどの
ように活かすか？
ビジョン
Vision
事業の目的
「○○業界を変革する」
Value
常に自分の
仮説を持とう
お客様の期待
を超えよう
問題解決を
高速で回そう
チームの
ゴール
売上2億円
理想：2億円
現実：1.8億円
吉田
木村
田中
客数
理想：30社
現実：25社
顧客別
商品別
顧客群A
商品群A
商品群B
顧客群B
客単価
問題解決
提案数が増えないのはなぜか？
訪問数が増えない
提案獲得率が低い
キーマンに会えていない
訪問前のアプロ
訪問後に辿り着
価値の向上
商品価値の向上
サービス価値の向上
業務改善
コストの削減
人のコスト
モノのコスト

第5章

伴走するマネジメントの実践（3）

守破離の「離」

いよいよ伴走するマネジメントの最後のステップ、守破離の「離」までたどり着きました。ここではもう一段、マネジメントを進化させるために「理念を整え、浸透させる」、「キャリア面談を行う」、「1on1を行う」など、言語化とコミュニケーションの施策を取り入れていきます。ここでも基本である指示管理型に、他の3つのタイプのいいところを取り入れることがポイントになります。

■離　ビジョン型の施策を実行する

第5章は守破離の「離」について解説していきます。

離は、第3章で解説した通り「一つの流派から離れ、独自の新しいものを生み出し確立させる段階」です。ここでは指示管理型から一旦離れ、「ビジョン型」「職人型」「奉仕型」のそれぞれの要素を取り入れ、施策を実行し、マネージャーとしてさらなる進化を目指します。

離の施策

	期初		期中		4タイプの位置づけ
守 軸を極める	チーム目標攻略の地図を描く	3章	課題解決を高速回転させる	4章	指示管理型／ビジョン型／職人型／奉仕型
破 弱点を克服する	目標の目的を魅力的に語る	3章	課題解決に規範を取り入れる	4章	指示管理型／ビジョン型／職人型／奉仕型
	地図づくりにメンバーを巻き込む	3章	個別課題を解決する	4章	指示管理型／ビジョン型／職人型／奉仕型
	率先垂範する領域を決める	3章	ナレッジをシェアする	4章	指示管理型／ビジョン型／職人型／奉仕型
離 幅を広げる	**理念を策定する**	5章	**理念を浸透する**	5章	指示管理型／ビジョン型／職人型／奉仕型
	キャリア面談を行う	5章	**1 on 1を習慣にする**	5章	指示管理型／ビジョン型／職人型／奉仕型
	業務改善に着手する	5章	**新領域に専念する**	5章	指示管理型／ビジョン型／職人型／奉仕型

守と破でチームの地図をつくり、課題解決を繰り返してきたみなさんのチームは、メンバー一人ひとりの思考が深まっているはずです。

「顧客に提供すべき付加価値は何か?」
「社員が共有すべき価値観は何か?」
「自分達が本当にやりたいことは何か?」
「チームにおいて必要な仕事とムダな仕事は何か?」

このような、チームの力を高める上で重要な問いに対して、一段深いレベルで考えることができているでしょう。マネージャーはそれらの考えを様々な角度から引き出し、具現化していきましょう。

もしかすると、以下で説明する一つひとつの施策自体には目新しさを感じない読者もいるかもしれません。しかし大切なのは、すべての施策が有機的につながっていることです。是非、これまでご紹介した施策とのつながりを意識しながら読み進めてください。

まず、ビジョン型の施策から説明します。ここでの進化とは、「顧客に提供すべき付加価

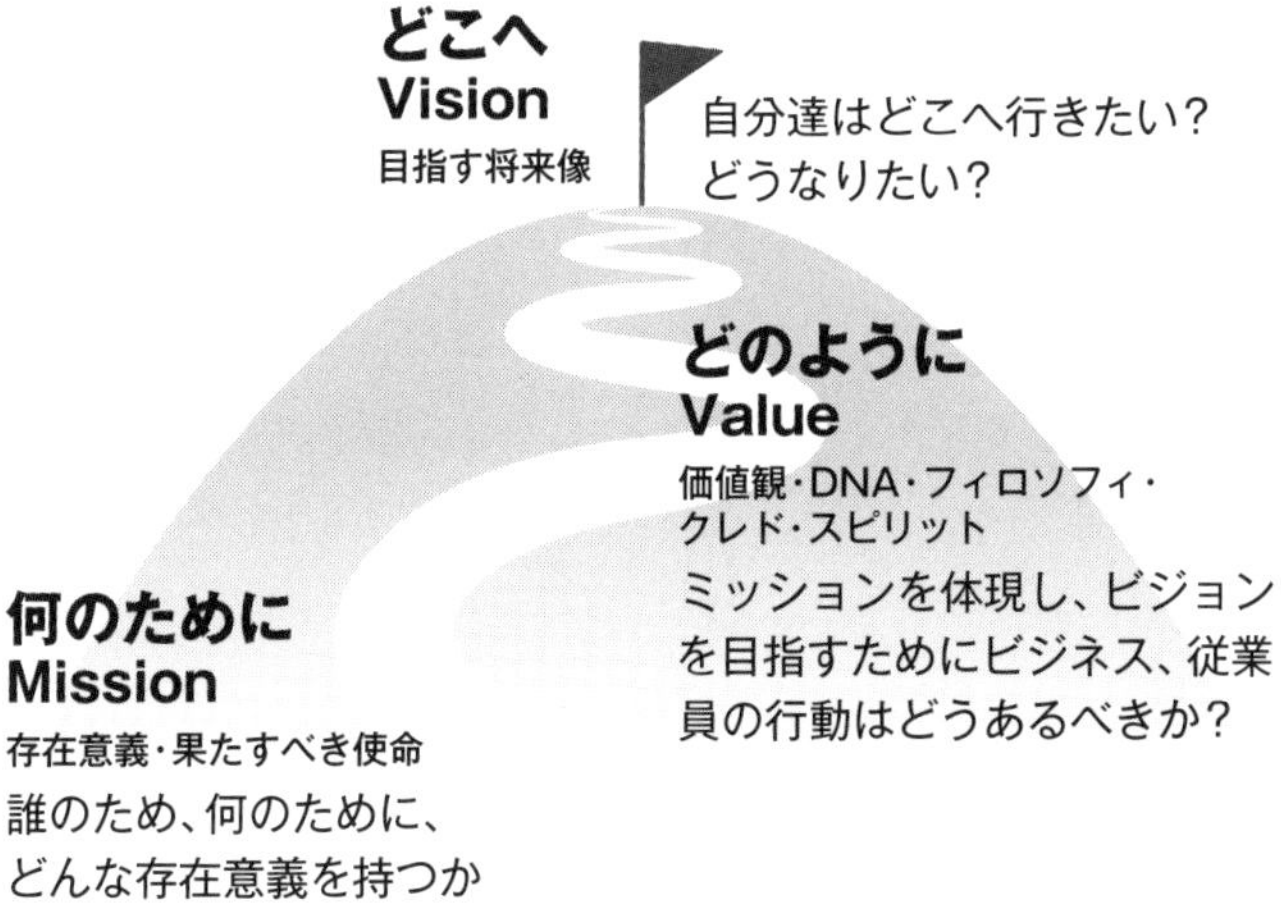

どこへ
Vision
目指す将来像

自分達はどこへ行きたい？
どうなりたい？

どのように
Value
価値観・DNA・フィロソフィ・
クレド・スピリット

ミッションを体現し、ビジョンを目指すためにビジネス、従業員の行動はどうあるべきか？

何のために
Mission
存在意義・果たすべき使命

誰のため、何のために、
どんな存在意義を持つか

値は何か？」「社員が共有すべき価値観は何か？」といった重要な問いに対して、あらためてメンバーの意見を結集し形にすることです。具体的に取るべきアクションは「理念を整える」と「理念を浸透する」の二つです。順に説明します。

理念は、一般的にはミッション単体のことを指す場合と、ミッション、ビジョン、バリューを総称して呼ぶ場合があります。簡単に説明すると、ミッションは事業の存在意義であり顧客価値、ビジョンは中長期的に自分達がなっていたい理想の姿、バリューはそれらを実現する上で求められる事業や従業員の行動規範や価値観のことを指します。

本書ではミッション、ビジョン、バリューを総称して理念と呼ぶことにします。

第3章では、守破離の破について、短期的な数値目標は無機質でやらされ感や義務感が生まれやすい一方、事業の目的、存在意義や中長期的な目標はワクワク感や使命感が生まれやすい。だからそういう目的をマネージャーが伝えましょう、と述べました。

離では、マネージャーだけではなく、メンバー全員の意見を結集してミッション、ビジョン、バリューをあらためて体系化・言語化・可視化し、チームのメンバーが理念について考える機会を増やします。それとともに、**共通言語として整えていくことでコミュニケーションを円滑にし、より強い風土として根づかせます。**

1 理念を整える

職場において最低限の賃金が保障されていることやハラスメントがないことは重要ですが、それが担保されていたとしても、毎日仕事をしていると「自分は何のために仕事をしているのだろう」と疑問がわくことがあります。また、会社の数字を追い続け、毎日毎日同じ仕事を繰り返していたりすると、「なぜこんな仕事をしなくてはいけないのだろうか」と疑問に感じることもあるのではないでしょうか。

多くの人は今よりも未来のことを考え、会社の数字を上げることよりも顧客や社会に影響を与える方がワクワクしながらやりがいを持って働けます。昨今は金銭報酬への欲求を強く持たない人が増えて、社会への責任を重視する人が増えているというデータもあります。そのため、ビジョン型のマネジメントが風土として根づいている企業は、社員の会社へのロイヤルティ（忠誠心）が高く人気があります。

あえて「つくる」ではなく「整える」という言葉を使っているのは、伴走するマネジメントにおける理念はどこからか言葉を持ってきたり、新たに生み出したりするものではなく、**マネージャーがメンバーの頭の中にあるものを引き出し整理することに意味がある**からです。

ミッション、ビジョン、バリューについてメンバーの頭の中にある考えを引き出し、議論しながら整えていくことは、それほど難しいテクニックを必要としません。後に挙げる質問に、具体的なエピソードを交えて一つ一つ答えていく作業をメンバー全員で行い、議論を深めながら言語化していきます。

ミッションを言語化する上で用いる質問

・この事業は誰のために行っているのか？
・この事業は何のために行っているのか？
・お客様にとってどのような価値があるのか？
・自分達の部門が目指す社会は？
・なぜ自分達がやる必要があるのか？
・事業のあり方として大切なことは何か？
・競合他社とは違う強みとは何か？
・これらを象徴するエピソードは何か？
・そのエピソードに多くの人は共感し心が動かされるか？

ビジョンを言語化する上で用いる質問

・自分達は数年後にどのようになっていたいか？
・自分達は数年後に何を変えていたいか？
・自分達は数年後にどこに到達していたいか？
・上記の具体的なエピソードは？
・そのエピソードに多くの人は共感し心が動かされるか？

バリューを言語化する上で用いる質問

・ミッション・ビジョンを実現する上でビジネス・商品・サービスで守るべき価値観は？
・ミッション・ビジョンに反するビジネス、商品、サービスとは？
・ミッション・ビジョンを実現するために従業員に求められる価値観は何か？
・ミッション・ビジョンを実現するために従業員に求められる考え方や行動はどのようなものか？
・周囲から信頼される人はどのような考え方や行動の人か？

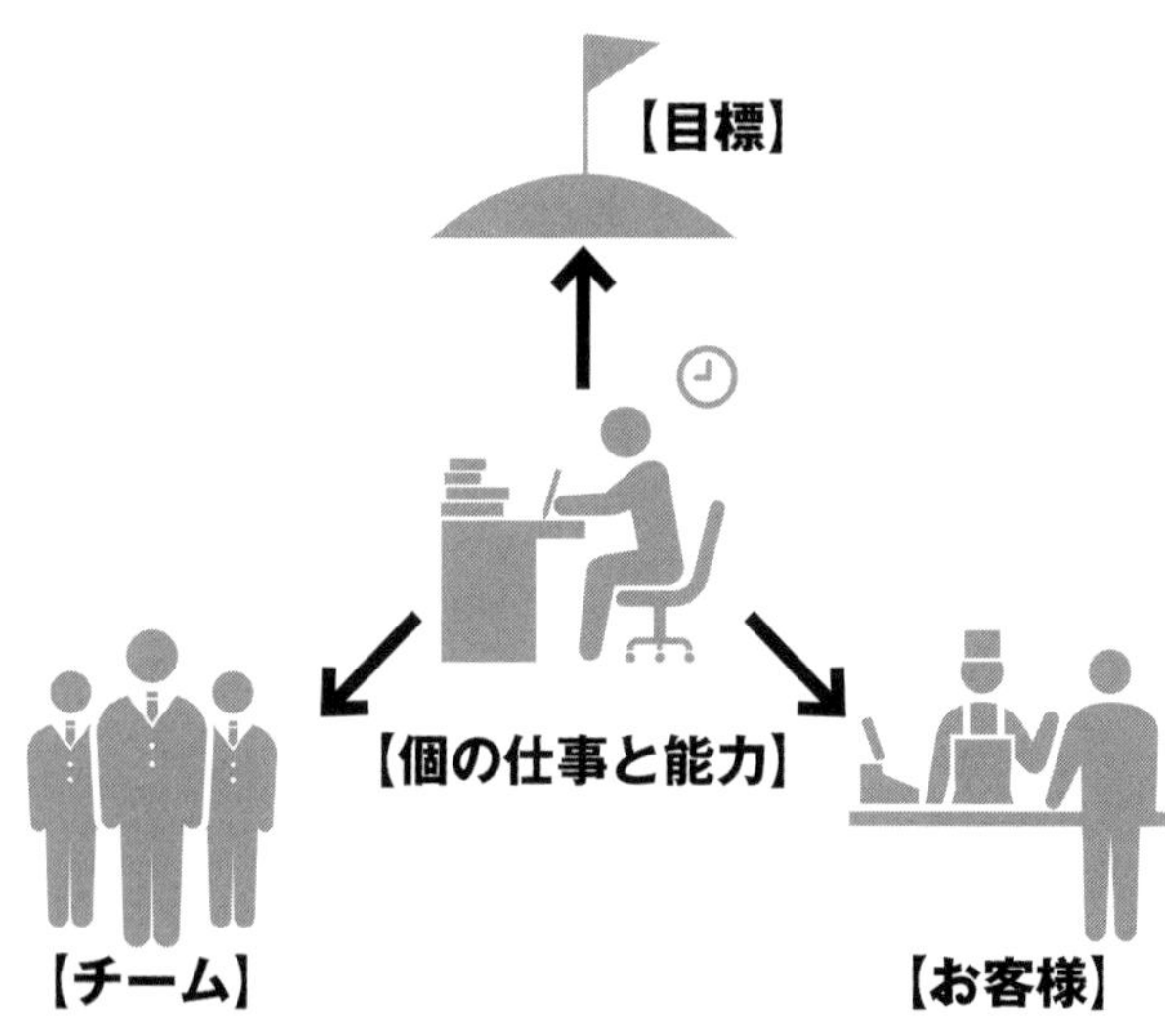

・成果を上げている人はどのような価値観を持っているか？

バリューとは文字通りビジネスや従業員に求める価値観です。例えば、近江商人の三方良し（「自分良し」、「相手良し」、「世間良し」）のように、事業のあり方を示すものや、「責任感を持つ」「多様性を尊重する」というように、チームメンバーの具体的な行動のあり方を示すものもあります。バリューはＤＮＡ、フィロソフィ、クレド、スピリッツなどとも呼ばれ、多くの企業ホームページで紹介をされていますが、会社単位だけではなく事業部、部、課などチームごとに設定することも珍しくありません。

バリューは図のように「目標」「チーム」「お客様」「個の仕事や能力」の四つの項目の優先順位や、それぞれの項目において何を重視するかを考えることで言語化できます。例えば、以下に示すのは、ヤフージャパンの過去の行動規範です。

「All Yahoo! Japan」
「個のチカラ」
「発見・提案・改善」
「圧倒的当事者意識」
「やりぬく」

最初にチーム全体を意識させ、次にそのためには個の能力が必要であることを示し、その後、具体的にはどのような能力が仕事や個にとって重要なのかを示しています。

また、同じくショッピングサイトを運営するアマゾンでは「Our Leadership Principles」

（我々のリーダーシップの信条）として14の行動規範が並んでいますが、一つ目は「カスタマーを起点に考え行動する」というもので、お客様を向くことを意識づけています。

一方、楽天の掲げている成功のコンセプトでは次の五つが示されています。

【成功のコンセプト】

①常に改善、常に前進
②Ｐｒｏｆｅｓｓｉｏｎａｌｉｓｍの徹底
③仮説→実行→検証→仕組化
④顧客満足度の最大化
⑤スピード！　スピード！　スピード！

これを読み解くと改善や仮説検証、スピードという言葉が並んでおり、仕事において問題や課題を高速で発見し、解決していくことを強く求めていることがわかります。

このように組織の価値観を示し、それがそのまま行動指針や判断軸にもなるのがバリューです。

2 理念を浸透する

期中を通して、言語化したミッション、ビジョン、バリューを、より深くメンバーの行動に浸透させていきます。

ミッションやビジョンは、自分達が何のために仕事をしているかを表し、仕事にやりがいやワクワク感を感じるためのものです。これらを浸透させるには、マネージャーの日頃の発信、意思決定、そしてフィードバックが欠かせません。ただ言葉を掲げるだけで期中には一切その話が出てこないようでは、理念を浸透させることはできません。

では具体的に何をすればいいのでしょうか？

みんなで策定することこそが、最大の浸透施策

既に1の「理念を整える」でお伝えしていますが、伴走するマネジメントでは理念はマネージャーがつくるのではなく、メンバーに質問しながら考えを引き出して言語化します。

地図づくりにメンバーを巻き込むところでも述べましたが、**誰かの理解や共感を促したいのであれば、伝えるよりも本人が考える機会をつくること**です。自分達で考えて理念をつくることが、既に最大の浸透施策になっています。

チーム内で流行る共通言語をつくる

理念が浸透している会社に共通しているのは、共通言語がキャッチーであり、社内でみんなが使っていることです。トヨタの「5WHY」（本質にたどり着くまでなぜなぜを5回繰り返す）、ホンダの「ワイガヤ」（ホンダ流のイノベーションを起こすためのミーティングの手法）やサントリーの「やってみなはれ」（新しいことに挑戦する精神）などが有名ですが、チーム単位でもこのようにキャッチーな言葉をつくって、みんなが会議の場や普段のコミュニケーションで使えるものにしましょう。そして何より**マネージャー自身がその言葉をいろいろな場面で意識的に使うこと**が大切です。

定期的にエピソードを語る

定期的にミッションまたはビジョンにまつわるエピソードを、メンバーの前で語りましょう。例えば会議の始めの5分間を使って話したり、終わりの5分間で話してもいいと思います。チームの会議は、ややもすると数字や案件の話に終始し、視座が下がりがちです。あらためて自分達が何のために、どこに向かって仕事をしているのかを発信しましょう。また、自分達の理念に近しいことが書いてある記事などを引用して話をするのも効果的です。

第2章で取り上げたReflectsのe＝「episode」でも説明しましたが、エピソードは理解と共感を得る上で非常に有効です。もし、「自分はエピソードが語れない」とすれば、自分自身がその理念を理解し共感できていないということかもしれません。

意思決定の基準にする

マネージャーには多くの意思決定の機会が存在しますが、理念は意思決定の拠りどころとなるものです。常に「ミッションやビジョン、バリューに照らして考えると、どちらになるのだろう？」という問いを引き出せるようにしておきましょう。例えば「家族が安全で安心して遊べる空間」をミッションとしているアミューズメント施設であれば、新しいイベントやアトラクションを導入する際に、お客様を呼べるということも大切ですが、「家族が安全で安心して遊べるか？」「家族が安全で安心して遊べる空間を壊さないか？」というような問いが頭に浮かぶかどうかが大切です。

マネージャーは、短期的な事業の売上を上げることはもちろん、中長期的なブランディングにも目を配る必要があります。それと同時に、優秀な人材を採用することが難しい環境下で、離職率の低下やエンゲージメントといったチームの問題にも目配りすることも大事です。

図に示したようにマネージャーが意思決定をする上での基準は多岐にわたっていて、マネージャーは常にこれらの基準に優先順位をつけながら意思決定を行っています。そして残念なことに、多くの意思決定はすべての基準を満たせるものではなく、つまりすべてのメンバーを納得させることはできない、という宿命を持っています。

理念が浸透しているチームには、意思決定の基準に、中長期的なブランディングや組織風土の醸成、ミッションの実現といった選択肢があります。一方、理念が浸透していない会社は選択肢の幅が狭く、短期的な事業の部分に意識が向きます。

短期的な売上を優先させるべきではない、と言っているのではありません。選択肢の中にあるかどうかの問題です。

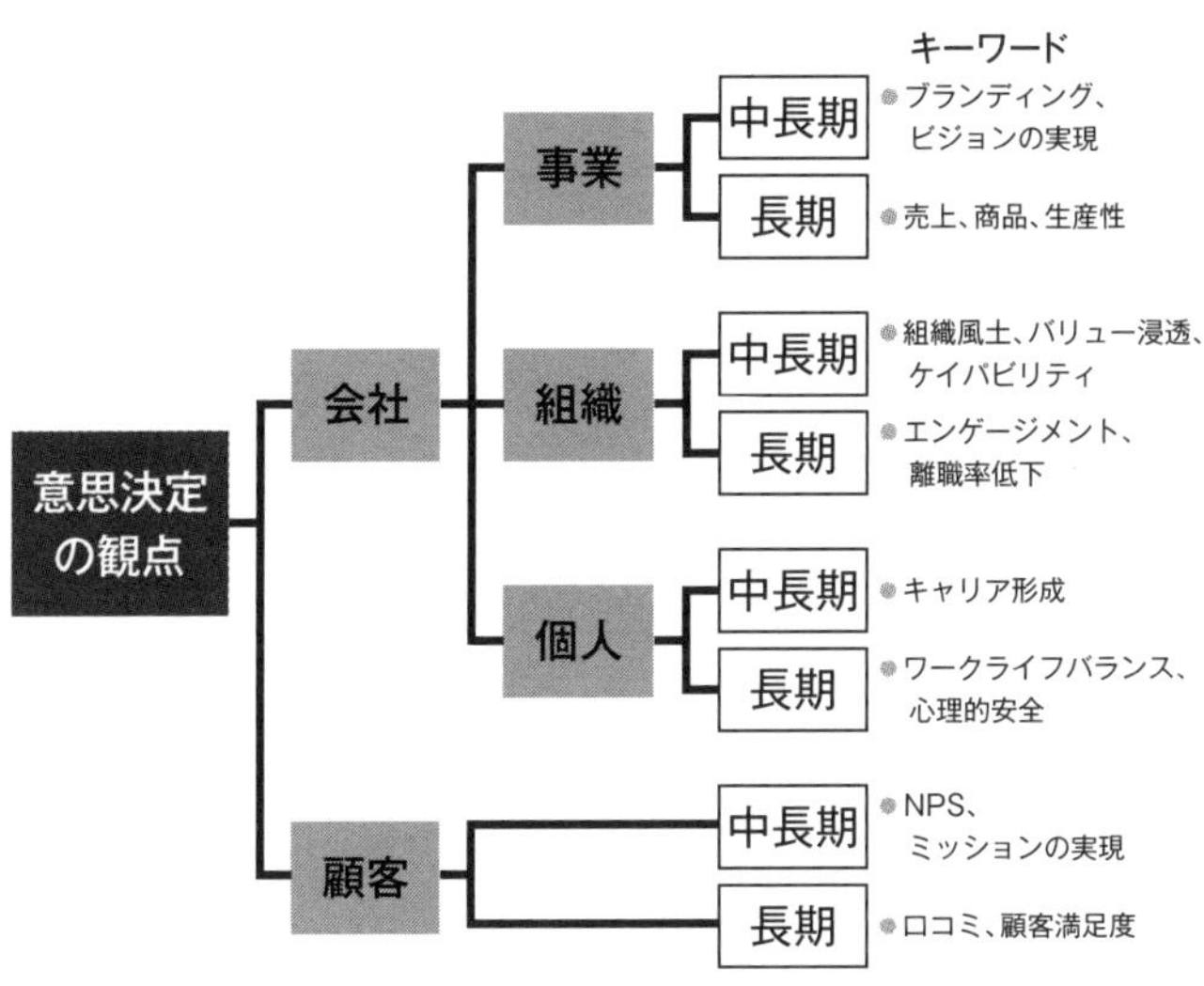

一つの事例を通して詳しく説明しましょう。あるチームでは、バリューとして「透明性」を掲げていて、情報の統制を敷くのではなく、可能な限り情報を共有することによって、オープンで公平な組織運営を目指していました。

ただ、経営に関する多くの情報をオープンにすると、必ず不満を言う人が出てきます。誰かにとって得な情報は、必ず誰かにとって損であるからです。しかし、それに対してひるまずしっかりと理由を説明しつくす。時には不満を解消できなくとも、毅然とした態度を貫き通す。そのようにバリューを言語化した時に決めました。

情報を共有しない方が、寝た子を起こさず不満が上がりにくいということもありますが、そのチームでは最終的には、広く情報共有をした方がいい、という結論に達しました。

そんな中、そのチームの人事制度を改定するお手伝いをすることになりました。その改定内容は報酬の金額にメリハリをつけるというもので、成果を出している人にとっては報酬は上がりますが、出していない人にとっては報酬が下がるリスクもある内容でした。

いよいよそれをチームメンバー全員に説明する時が来ました。当然プロジェクトにはチームリーダーも参加していて、透明性というバリューも人事制度の変更内容も十分に理解しているはずでした。

しかし、どういうわけか発表当日になって、資料の修正を入れるようリーダーから指示が入ります。理由は報酬が下がる人への配慮、ということでした。結果、制度変更の背景やロジックの大部分を社員には開示せず、お茶を濁したような形で変更内容を開示することになりました。

チームリーダーからすると、これまでも声の大きな不平不満のある人達の説得に多くの時間を割くことにストレスを感じていましたし、その不毛な議論は生産的ではないという判断だったのだと思います。結果、不満は顕在化しませんでしたが、多くのチームメンバーにモヤモヤを残しました。

この判断自体が合っているか間違っているかを論じるつもりはありません。しかし、このチームは理念を浸透することは完全に失敗しました。メンバーからすると、バリューに透明性を掲げているにもかかわらず、それに反する意思決定が行われたからです。

このように、様々な場面でマネージャーは、バリューに沿った行動をとっているか、バリューの優先順位をどのように考えているかを、メンバーに見られています。

ちなみに、意思決定の際、バリューの優先順位を常に高くすべきであるというわけではありません。ただ、バリューの優先順位、ここで言うなら透明性の優先順位を下げるのであれば、それも含めて社員に対して「透明性については、今回は優先順位を下げました。理由は●●です」と説明をする必要がありました。

賞賛の機会をつくる

バリューを浸透させるには、まずメンバーにバリューを体現した理想的な行動をイメージさせることが重要です。そのためにマネージャーは、メンバーへのヒアリングなどを通して具体的に賞賛できる事象や行動を収集し、会議などで賞賛するようにしましょう。

このように理念を浸透させることは地味ではありますが、**マネージャー自身のコミュニケーションの量、質がとても重要になる**難しい取り組みです。そして特にマネージャーの何気ない発言や意思決定が、チームに理念が浸透するかどうかのカギになることを心にとどめておきましょう。

■離　奉仕型の施策を実行する

次に奉仕型の施策について説明します。ここでの進化はメンバー一人ひとりがＷＩＬＬを持つ、つまり「自分達が本当にやりたいことは何か？」という問いへの答えをマネージャーが引き出すことです。

チーム内のメンバーの志向や能力は多様であると思います。それらは、すべて自ら言語化されているわけではありません。「３年後と言われてもイメージがわかない」「志を問われても答えられない」。そのようなメンバーも当然います。しかし守破離の守と破でチームや個人の課題解決を繰り返してくると、「自分が本当にやりたいことは何か」に気づくことができるようになってきます。

そこでマネージャーはそれを引き出し言語化します。

取るべきアクションは「キャリア面談を行う」と「1on1を習慣にする」の二つです。

1 キャリア面談を行う

奉仕型は個の志向や強みを活かして、行動の自立を促すマネジメントです。キャリア開発の話でよく使われる枠組みに「3つの輪」というものがあります。**仕事を「やるべき仕事（MUST）」「やれる仕事（CAN）」「やりたい仕事（WILL）」という三つの視点で捉えて、三つの輪が重なると仕事が充実している状態、と考えます。**

三つの中でも、特にWILLに着目しているのが奉仕型の特徴です。伴走するマネジメントについて、これまで「個よりもチームを優先する」という視点で説明してきました。それに従うなら、最も重視されるのはMUSTであり、それに紐づくCANもマネージャー

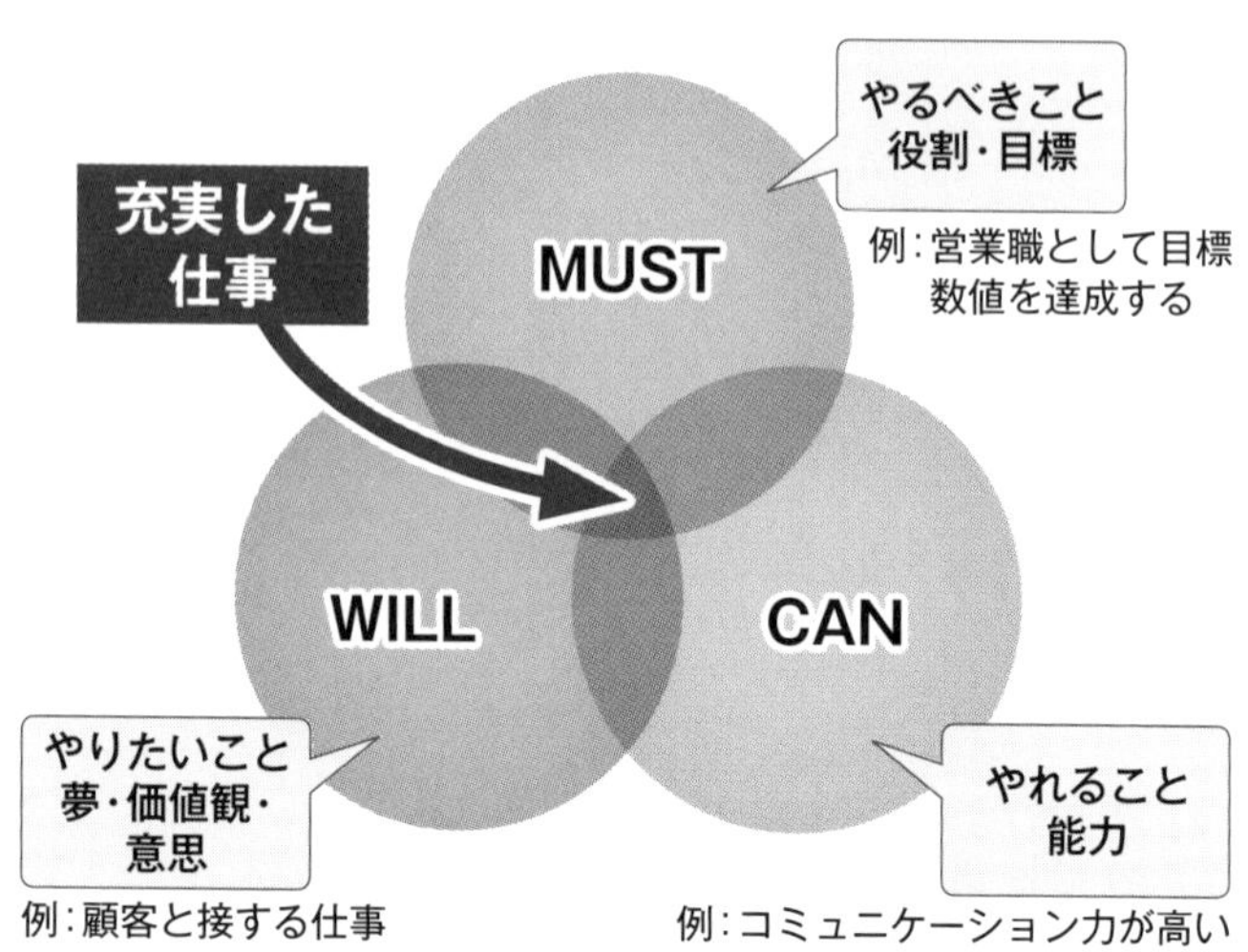

が注視する対象です。ただ、離ではＷＩＬＬに主眼を置きます。守と破によってＭＵＳＴの重要性がチームにしっかり根づいているからこそ、ＷＩＬＬが活きる。伴走するマネジメントでは、そのような位置づけでこの三つの輪を捉えます。

例えば、中途入社のＡさんが営業部門に配属されたとします。やるべき仕事であるＭＵＳＴは、営業職として目標数値を達成することです。ちなみにＡさんは入社する際に、お客様と直接接点がある仕事を望んでいたので、営業職はＷＩＬＬにも合致した仕事ということになります。つまりＭＵＳＴとＷＩＬＬが合致しています。また、Ａさんは営業職に求められるコミュニケーション力が高いのでＣ

ANも満たしており、WILL、CAN、MUSTの三つの輪は重なっています。そのことから、充実した仕事ができている状態であると見なすことができます。このように、意思と役割と能力の合致度合をマネージャーは観察します。

しかしAさんは入社して2年目になって、異動希望を出したいと言うようになりました。というのも、Aさんがこの1年取り組んだ仕事は見積書の作成や事務作業ばかりで、お客様を訪問する機会がほとんどなかったからです。

お客様先に行っても先輩社員ばかりが話をしていて、Aさんは面談のメモを取ることが主な仕事でした。職種という観点では三つの輪は重なっていましたが、日々の仕事という観点でのMUSTは見積書の作成や事務作業、WILLは顧客とのコミュニケーションや折衝だったので、実は三つの輪は重なっていなかったのです。

そこで上司であるマネージャーは、Aさんの見積書作成や事務作業の一部をアシスタントにサポートしてもらい、顧客訪問の機会を増やすとともにお客様先を訪問する時は会話を任せるようにしました。

これによりAさんの三つの輪は重なり、充実した日々を送れることになりました。このように、マネージャーはどうすれば三つの輪を重ねられるかを考えながら配置や育成、コミュニケーションを実施することが求められます。

このケースでは見積書作成や事務作業の一部をアシスタントにサポートしてもらえたので、Aさんの三つの輪を重ねることができました。

ただ実際には、メンバーの三つの輪を重ねるのはそれほど簡単ではないでしょう。そこで、短期的には重なりにくい三つの輪を中、長期的に重なるように上司が支援する、というのが職場でのキャリア開発の考え方です。

読者のマネージャーのみなさんの中には「自分のＷＩＬＬなどあまり考えてこなかった」という方も多いかもしれません。

かつては、ＭＵＳＴとＣＡＮだけで人も企業も成長する時代がありました。目の前の与えられた仕事（ＭＵＳＴ）をとにかく頑張り続けると、それができるようになる（ＣＡＮの拡大)。すると、さらに難しい役割や目標が与えられ、またそれができるようになる。ですから多くの人が、ＷＩＬＬについて考えることがありませんでした。ＭＵＳＴにひたすら取り組むことでＣＡＮも大きくなっていき、「もしかしたらこの仕事が自分に向いているかもしれない」「これが自分のやりたかった仕事だ」と、ふっとＷＩＬＬが浮かび上がってくる。こんなケースが多かったのです。

一方、昨今は終身雇用の慣行が揺らいでいることを背景に、個を尊重する時代の要請もあり、MUST以上に自分のWILLを重視する人がとても多くなりました。

自分の価値観や意思、タイプに合った仕事を求めたり、自分がどうなりたいか、すなわちＷＩＬＬを考えることが当たり前になってきた、と言えます。

この状況に多くの職場が直面し、多くのマネージャーが、メンバー達と価値観が違うことに戸惑っています。しかし、これだけ個の尊重というメッセージが増えている世の中で、「自分達の若い頃はＷＩＬＬなんて考えもしなかった。目の前の仕事を頑張ればいい」というメッセージは発信することができません。

若いうちはＷＩＬＬに限らず、三つの輪すべてが小さく、重なりが小さいものです。マネージャーは三つの輪を大きくしながら重なりを増やす支援をし、メンバーのポテンシャルを最大限活かす必要があります。

最近はこのような流れを受けて、マネージャーにメンバーとのキャリア面談を義務づける会社も増えてきました。

しかしメンバーに対して「3年後どうなりたい？」と唐突に面談で聞いてみても、まったく答えが出てこない、ということがあります。こんな面談が続くと、マネージャーもメンバーも、それに意味を見出せない、時間のムダだ、ということになります。いろいろな会社で、よく聞く話です。

「それならやっぱりMUSTとCANだけでいいのではないか」と思われるでしょうか？そうではなく、面談の進め方を変えることが必要です。3年後どうなりたいか、といきなり聞かれても普通の人は答えられません。個の尊重が大切、と言っても「なんとなくWILLを持たないといけない時代なのはわかってはいるけれど、自分のWILLはよくわからない」という人も大勢います。

そこで、まずは「どのような仕事をしている時が面白いか？」「自分に合っていると思う仕事は何か？」というような、未来ではなく、答えやすい**現在のWILLに関する質問を**

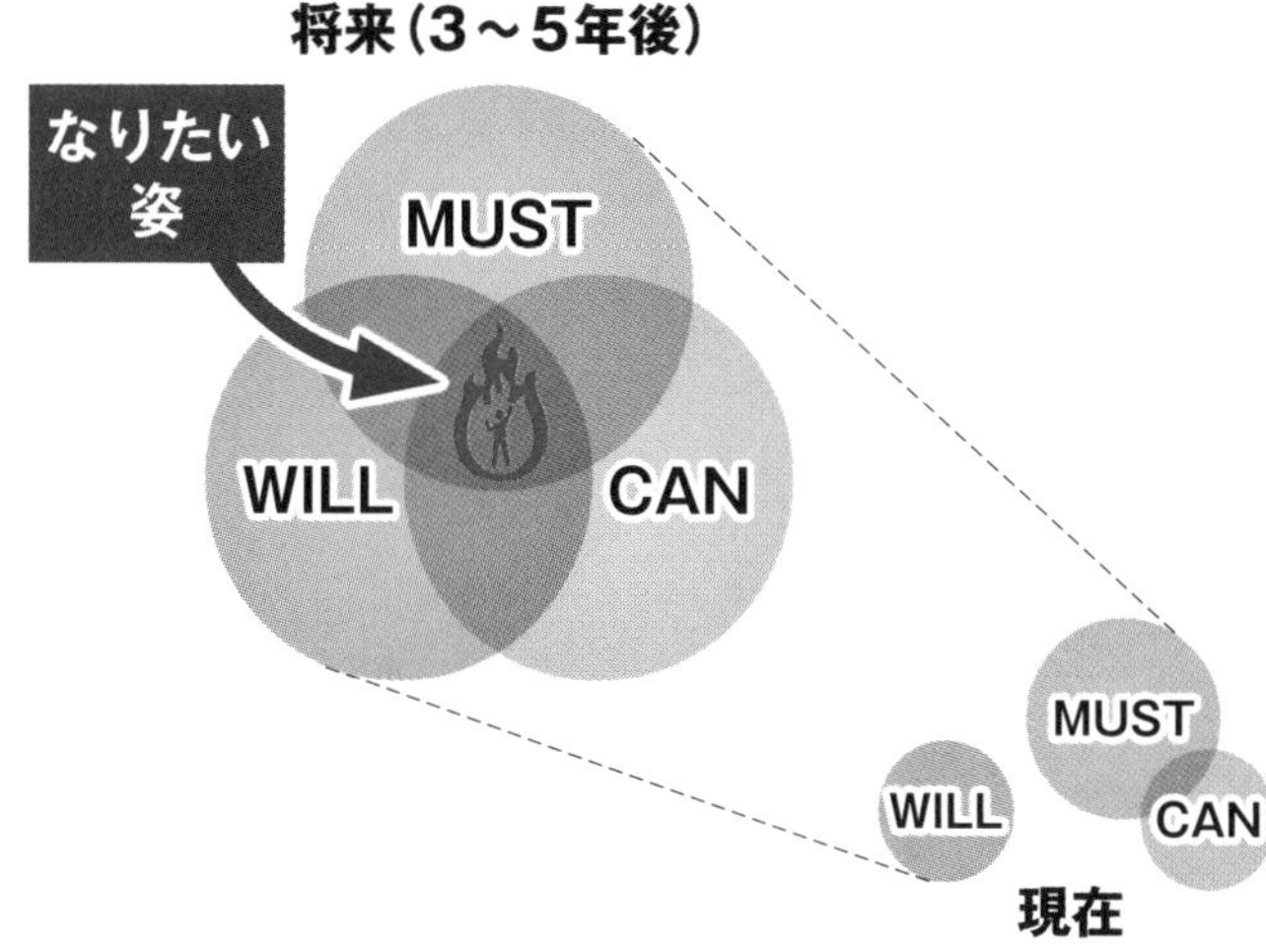

します。

それによって、「であれば、その面白いと思う仕事の能力を伸ばしていこう」「だとすれば、こういう役割のこういう仕事を増やしていこう」というストーリーをメンバーと一緒につくることで、WILLを顕在化させることが可能です。このような面談を繰り返していきながら、図のようにWILL、CAN、MUSTを大きくしていき、なりたい姿を明確にしていきましょう。

職場でマネージャーが行うキャリア面談のスタートはWILL、CAN、MUSTの現在地を明らかにし、マネージャーが三つの輪が重なるための支援を約束することにあります。

そのために、まずは仕事に対するメンバーの話を網羅的に聞いて、メンバー自身が自分の状況を整理できるようにしましょう。

そして、そのためには304~305ページのワークシートを用いて共有することを勧めます。

ここで紹介するキャリア面談シートはＷＩＬＬ、ＭＵＳＴ、ＣＡＮの項目で構成され、ＷＩＬＬとＭＵＳＴについては「現在」と「未来」という時間軸を入れています。まず、期初にメンバーと面談を行い、メンバーがどの程度、自分自身の三つの輪を言語化できるかを確認しましょう。メンバーに事前に記入してもらい面談を進めてもいいですし、一緒にワークシートを見ながら埋めていく形でもいいと思います。中には、まったくシートが埋められないメンバーもいます。その場合はマネージャーが質問をしながら、メンバーの答えを引き出していきましょう。

この面談を行うことでメンバーの人となりもわかってきますし、強化すべき能力も見えてきます。

何よりメンバーからすると「マネージャーが自分を一人の人間として見て成長を支援してくれている」と感じられるので、仕事を頼んだり、フィードバックをしたりする時に起こりやすい摩擦を軽減することもできるでしょう。

キャリア面談というと、マネージャーもメンバーも異動やアサイン変更の話と誤解しがちですが、そうではありません。何よりキャリア面談を行うとメンバーのWILL、CAN、MUSTが明らかになることが利点です。その上で、メンバーの状態を次の三つの観点で確認し、キャリアに対するマネージャーとしてのスタンスを決めましょう。

・やりたい職務があるか？（WILL）
・現在の仕事で主体的に成果、成長に向き合っているか？（CAN）
・やりたい職務を今のチームで与えられるか？（MUST）

パターン1：WILLがわからない（WILL×）

多くのメンバーはやりたい職務がはっきりしていません。そういう場合は、先ほどご紹介したシートでキャリア開発の支援をする立場に立ちましょう。このような説明をすると「WILLを顕在化させてしまうと、目の前の仕事とのギャップに嫌気がさして異動や転職を希望する人が増えませんか？」という質問をいただくことがあります。趣旨はわかりますが、**実際にはＷＩＬＬを曖昧なままにすることで他部門や他社の表層的な部分だけを見て異動や転職を希望する人が増えることもあります。**

「サービス開発をやりたい」「マーケティングをやりたい」と言っていても、隣の芝が青い、つまり、それがなんとなく面白そうな仕事に見える、というだけのメンバーも大勢います。そういう場合もシートを用いてその人のＷＩＬＬ、ＭＵＳＴ、ＣＡＮを整理することで、違うＷＩＬＬが発見できることがあり、また、今のチームでも十分能力開発ができるようになることがあります。また、メンバーのキャリアに対する不安を取り除くことにも役立つでしょう。

パターン２：ＷＩＬＬはあるが、主体的ではない（ＷＩＬＬ○　ＣＡＮ×）

やりたい職務があるからといって、すぐに異動させたり、アサインを変えてはいけません。その人が今の仕事で主体的に成果、成長に向き合っているかを確認しましょう。仮にやりたい職務はあるものの、今の仕事で主体的に成果、成長に向き合っていない場合は、改善を求めましょう。このパターンのメンバーが「自分のＷＩＬＬは今の仕事では叶わない。

だからやる気が上がらない。役割を変えるか、異動させて欲しい」と言い出すことはよくあり、マネージャーを大いに悩ませます。というのもＷＩＬＬがあると言っても、実はとても漠然としていて、いざ別の仕事を与えても主体的に成果を上げられないケースが多いからです。

一方、今の仕事で成果を上げられていないのは、本当に能力が今の仕事にマッチしていなかっただけという場合もあります。

「彼はあのチームに行っても結局、頑張らなかったね」と言うケースと、「彼は、あのチームに行って開花したね」と言うケース、両方あるので難しい判断が求められます。同じチーム内の仕事であればマネージャーの権限で戻せるのでそこまで大きな問題ではありませんが、異動となるとそうはいきません。このようなケースでは精緻に本人のＷＩＬＬ、ＣＡＮを分析し、役割変更が妥当なのかどうかを検討することが求められます。そして基本的には、今のチームで能力開発の支援する方針でいいでしょう。

マネージャー氏名：　　　　　　　　メンバー氏名：

職位：　　　　　　　　　　　　　　等級：

<table>
<tr><td rowspan="2">MUST（現在）</td><td colspan="2">つまらない仕事／嫌な場面／気がのらない仕事</td><td>● 事務作業
● 議論が噛み合っていない会議</td></tr>
<tr><td colspan="2">現在の仕事
期待されている役割・成果</td><td>● ○○の領域で成果を出すこと
● 2年前から△△の仕事に従事している</td></tr>
</table>

▼

<table>
<tr><td>WILL（未来）</td><td>将来、
期待されている役割・成果</td><td>● ○○の領域でプロジェクトマネージャーとして活躍している</td></tr>
</table>

▼

<table>
<tr><td rowspan="3">CAN</td><td rowspan="3">上記を踏まえた能力の課題</td><td>経験と専門性</td><td>● プロジェクトマネージャーとしての経験
● ○○領域の知識、スキル</td></tr>
<tr><td>基礎スキル</td><td>● 戦略立案力
● 段取り力
● 周囲を巻き込む力</td></tr>
<tr><td>姿勢</td><td>● 傾聴、受容の姿勢</td></tr>
</table>

▼

<table>
<tr><td>気になっていることや不安</td><td>● 一人の先輩とだけの仕事が多いので、他の先輩との仕事の機会も欲しいと思ってる
● 自分が成長しているのか不安</td></tr>
</table>

キャリア面接シート

区分	項目		内容
WILL（現在）	やっていて楽しい仕事／夢中になれること／共感しているビジョン		・やったことのない仕事に取り組んでいる時 ・自分の企画が顧客に認められた時 ・一つの物事について深く論議を進めていくこと
	ワークライフバランスの考え方と現状		・子どもが2人いてまだ小さいので18時以降の会議は消極的 ・一方、在宅勤務は仕事に集中できないため出社して仕事に集中したい ・会社や仲間との議論の時間を大切にしたい
MUST（未来）	将来やってみたい仕事／成し遂げたいこと		・プロジェクトマネージャー（PM） ・漠然と成長したいと思っている ・出世欲は特にない
CAN	強み	経験と専門性	・2年間○○エンジニアとして○○に従事 ・△△領域の知識 ・■■の知識、スキル
		基礎スキル	・ロジカルに伝える力 ・データを分析する力
		姿勢	・責任感を持ってやりきる
上記を踏まえ今後取り組むべき仕事／出すべき成果／必要な能力開発／留意点			・PMを見すえて社内の会議のファシリテーションをする経験 ・■■領域で小さなプロジェクトをマネジメントする経験 ・○○領域の資格取得に向けた勉強 ・PMは枠組みに沿った地味な仕事も多い

パターン3：WILLがあり、主体的だが最適な業務がアサインされていない（WILL○ CAN○ MUST×）

やりたい職務があって、今の仕事で主体的に成果を上げているにも関わらずチーム内で満足させられる仕事を準備できないケースです。この場合のマネージャーのスタンスは、異動を支援する、というものになります。しかし、すぐに抜けてもらっては困るというケースもあるでしょう。その場合は、社内でそのメンバーのWILLにマッチする仕事を探してきて**「今あなたに抜けられるとチームとしては正直厳しい。だからあと一年はこの職場で何とか頑張って欲しい、その後は異動希望が通るよう私の方で尽力するので」**といった言動が求められます。

下手に囲い込むことによって、「それなら、この会社ではステップアップできない」と、転職を促すリスクを高めることになりかねません。

本人にとっても会社にとっても、中長期的にプラスになる選択をするようにしましょう。

ただし、やりたい職務と今の職務で共通している能力は意外と多いものです。

例えば営業に所属している人が、サービス開発に携わりたいというＷＩＬＬを持っていたとします。しかし、今のチームでは直接サービス開発に携わることはできません。

その場合は、サービス開発に必要な能力を次ページの図のようにツリーで分解し、第４章までに説明した地図と紐づけて、営業の仕事でも身につけられることを説明しましょう。

「サービス開発では情報収集力や収集した情報を構造化する力、情報を元にコンセプトを明確にする力が求められるけど、それは顧客ニーズを把握する時にも同様の力が求められる。顧客ニーズを把握して、営業内でしっかりした企画書が書けるようになることは、後々サービス開発でも必ず活きてくると思うよ」という具合です。


技術系の会社に顕著ですが、ともするとキャリアの話は専門知識や専門スキルの話に偏りがちです。それは目に見えやすいから仕方のないことかもしれませんが、専門以外の職種間で共通するスキルに目を向けることが、異動や転職という選択しかないメンバーの視野を広げることもあります。

施策

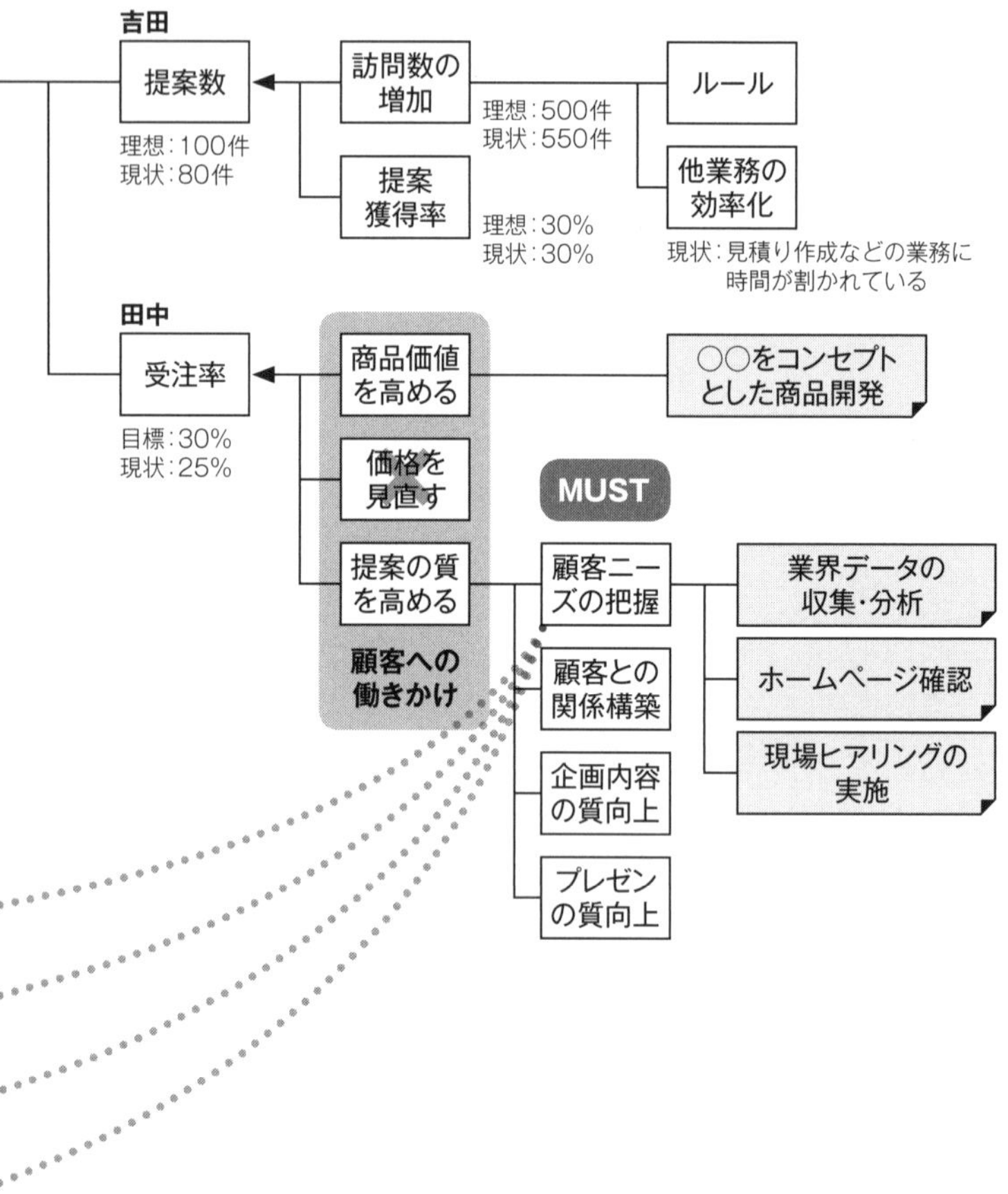
吉田
提案数
理想：100件
現状：80件
訪問数の増加
理想：500件
現状：550件
提案獲得率
理想：30%
現状：30%
ルール
他業務の効率化
現状：見積り作成などの業務に時間が割かれている
田中
受注率
目標：30%
現状：25%
商品価値を高める
価格を見直す
提案の質を高める
顧客への働きかけ
○○をコンセプトとした商品開発
MUST
顧客ニーズの把握
顧客との関係構築
企画内容の質向上
プレゼンの質向上
業界データの収集・分析
ホームページ確認
現場ヒアリングの実施

目標

目標の構造化

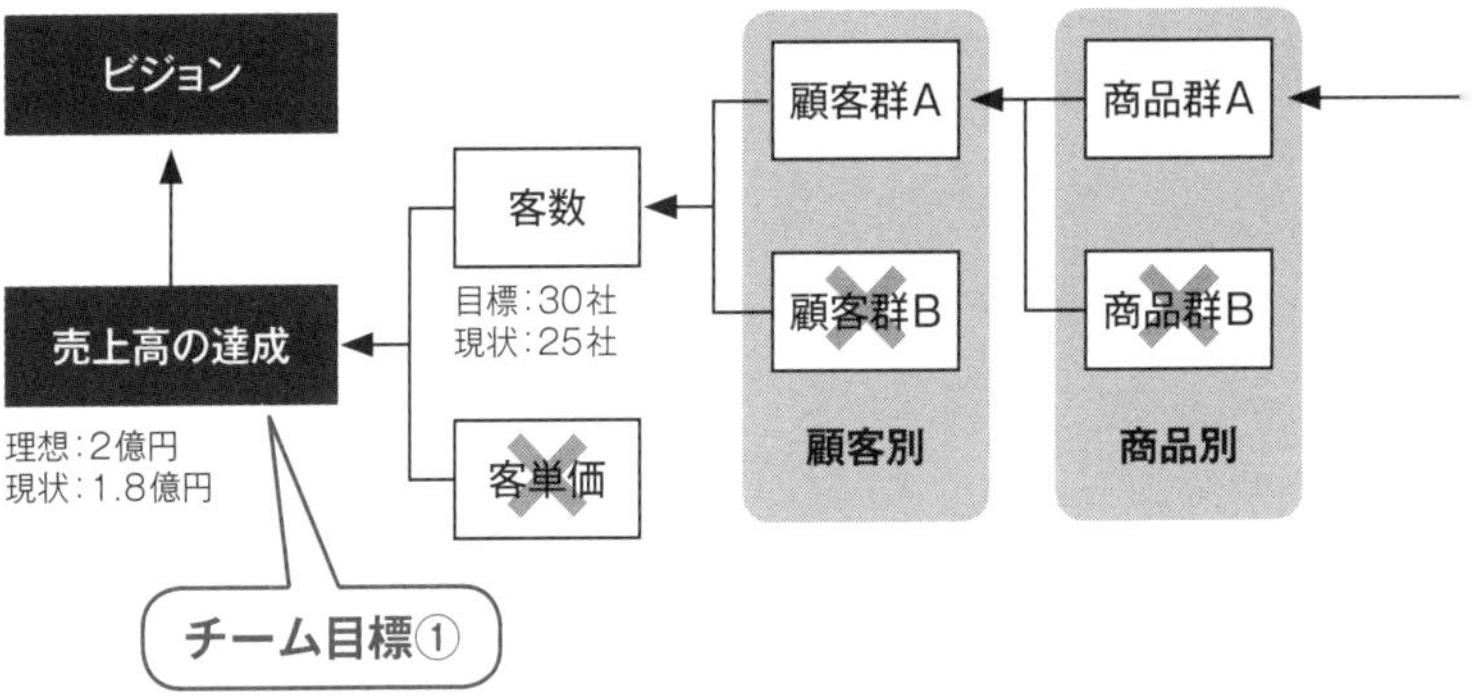

ビジョン
売上高の達成
理想：2億円
現状：1.8億円
チーム目標①
客数
目標：30社
現状：25社
客単価
顧客群A
顧客群B
顧客別
商品群A
商品群B
商品別
キャリアとの接続 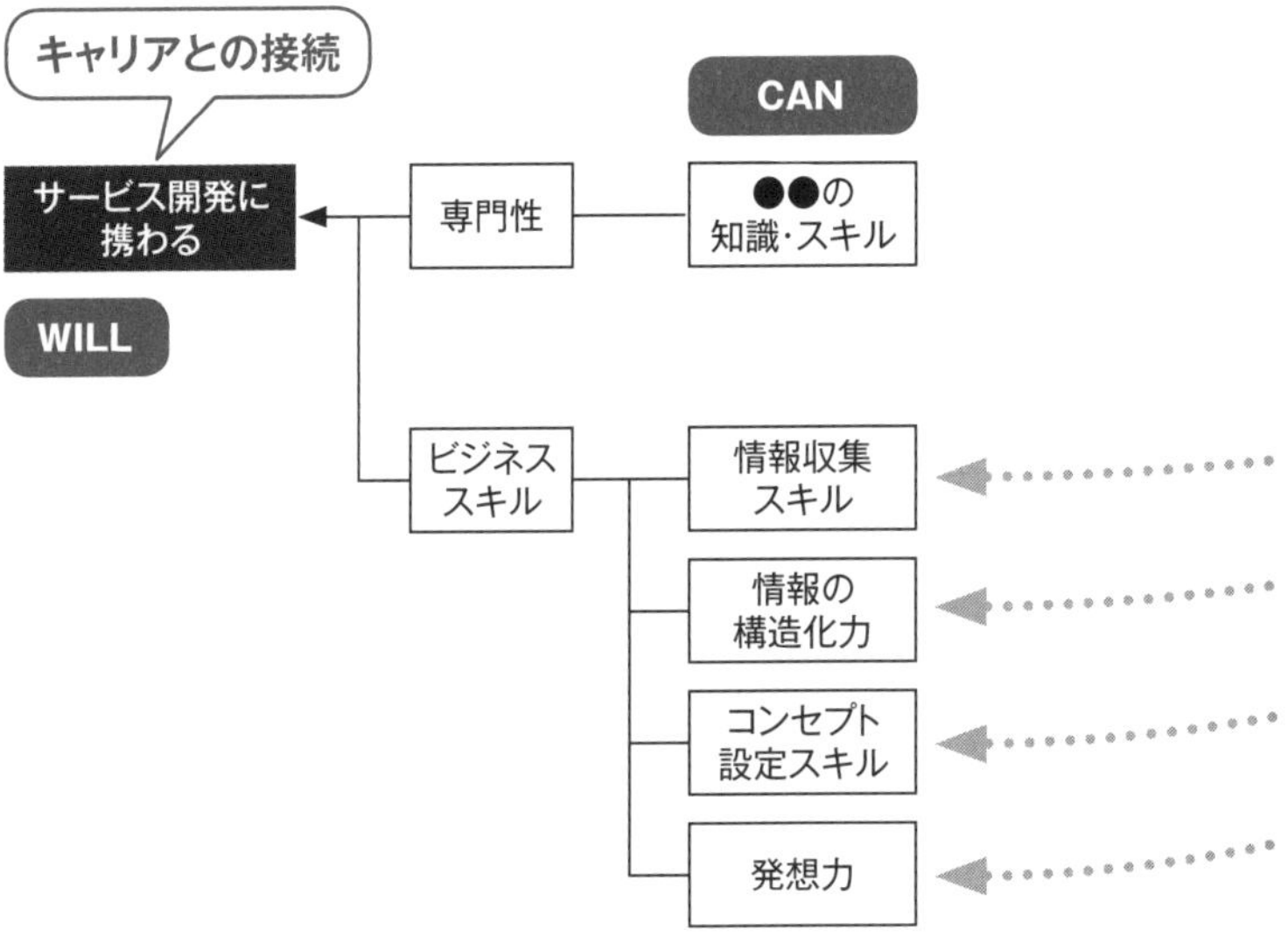
サービス開発に携わる
WILL
CAN
専門性
●●の知識・スキル
ビジネススキル
情報収集スキル
情報の構造化力
コンセプト設定スキル
発想力

パターン4：WILLがあり、主体的で、適職にアサインできる（WILL○　CAN○　MUST○）

やりたい職務があり、今の仕事で主体的に成果に向き合っていて、やりたい職務を与えられる場合は、できるだけその仕事に携われるように便宜を図りましょう。また、既に現在やりたい職務に携われている場合は次のステップを模索するといいでしょう。新しいＷＩＬＬを引き出してもいいですし、今いる領域で専門性を磨いてもらってもいいと思います。

ここでは四つのパターンを紹介しました。中には「他にもパターンがあるのでは」「ＷＩＬＬがなくても主体的に成果、成長に向き合っている人には他のサポートは考えられないのか？」といった疑問があるかもしれません。たしかにあり得ますが、私はマネージャーの負荷やメンバーのやる気への影響も考えて次の順でメンバーへの支援を検討するのがいいと思います。

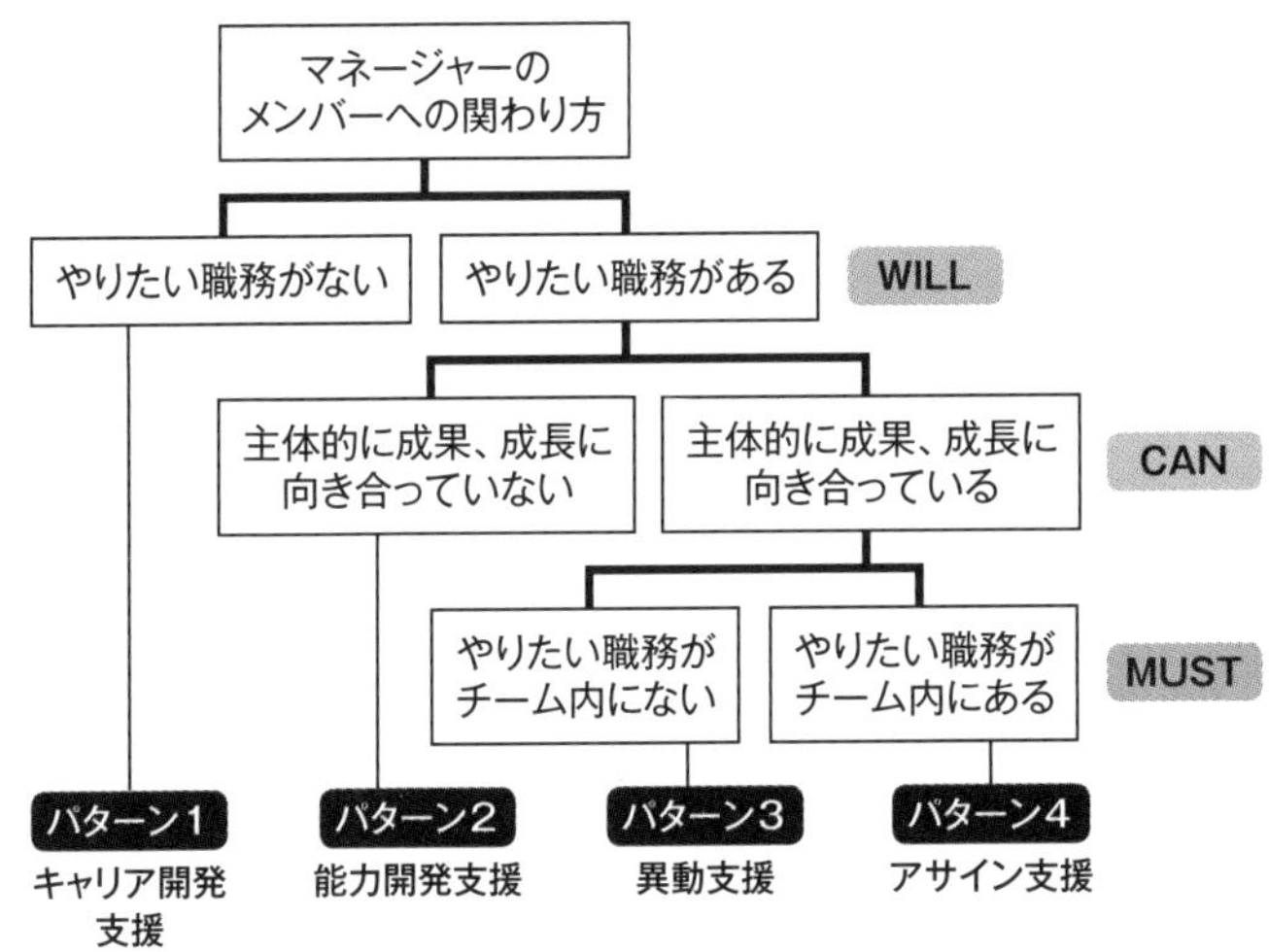

キャリア開発

＜

能力開発

＜

アサイン変更や異動

異動やアサインの変更は能力開発よりもチームに負荷がかかり、能力開発はキャリア開発よりもチームに負荷がかかるからです。また、マネージャーとメンバー間でＷＩＬＬが握れていると、能力開発も異動も議論する時に互いにストレスがありません。逆にＷＩＬＬが握れていない中での異動への対応や育成は、時に揉めごとが起こり、互いにストレスになります。小さなものでもいいので、Ｗ

ＩＬＬをお互いに共有しておきましょう。そのようなマネジメントの要所を押さえるのが、ここまで述べてきた四つのパターンです。

2 1on1を習慣にする

期初にキャリア面談を実施し、期中にはその情報も踏まえて１ｏｎ１を行いましょう。地図を共有し、課題解決を行い、キャリア面談を行ってきていることで１ｏｎ１も一味違うものになるはずです。

１ｏｎ１とは、１対１でマネージャーとメンバーが30分程度の面談を行うことを指しています。日本企業では、２０１６年頃から少しずつ浸透し始め、今や多くの企業で取り入れられています。「ヤフーの１ｏｎ１」（ダイヤモンド社）など書籍や記事も見かけることが多くなったのでご存じの方も多いと思います。

元々は米国の企業で膨大な時間を要する人事制度の年次評価をやめるという話が発端になり、もう少し短い間隔で定期的にメンバーと１対１で話をしながら評価、育成をする機会が必要である、というところから１ｏｎ１は始まったそうです。日本に入ってきた当初は、育成施策の一環として1on1は位置づけられていましたが、今では目的も多様化し、1対1でメンバーのために面談をすること＝1on1とする企業が多いようです。この「メンバーのために」というところがポイントで、業務の進捗確認とは一線を画しているのが特徴です。

ここでは、関係構築や悩み相談、そこから派生して育成にもつながる1on1の進め方をご紹介したいと思います。

1on1の当日までに相手に論点とテーマを考えてきてもらう

代表的な質問とテーマは以下の通りです。

三つの質問

◆何か気になっていることはありますか？
◆現在困っていることはありますか？

◆支援があったらいいなと思っていることはありますか？

八つのテーマ

◇会社のこと
◇事業のこと
◇仕事のこと
◇組織のこと
◇人間関係のこと
◇キャリアのこと
◇体調のこと
◇その他

これらの項目について、事前にメールなどでメンバーと共有し、メンバーには面談までに話すことを考えておいてもらうように伝えます。ただし、これは面談を効率的に進めるためのものであり、絶対ではありません。面談時に内容が変わっても、まったく問題はありません。テーマの一つにキャリアとあります。これをテーマに選んでいる場合はキャリア面談シートをアップデートするいい機会なので、304～305ページで図示したシートを活用して話を聞きます。

1on1を実施する

1on1で行うべきマネージャーのアクションは、次の3つです。

①雑談をする
②メンバーの話を傾聴する
③相手が求めればアドバイスをする

1on1は1回当たり30分ぐらいが、適切でしょう。主役はメンバーなので、メンバーが話をする時間を多く取ります。最初は「あなたが言っているのは○○ってことだね」など決めつけたり、結論を急いだりせず、じっくり話を聞きましょう。アドバイスをすることが目的ではないので、相手が求めていない限りアドバイスは控えます。また、雑談はお互いの緊張を和らげ、共通点を探すという意味でも重要なので、面談の最初に入れるといいと思います。

守破離の破でも個人面談について解説をしました。それとの違いは一言でいうと自由度の違いです。守破離の破で解説した個別面談はあくまでチーム目標達成というゴールに向けた個人の面談です。もちろん個別面談なのでメンバーの意思を尊重することは重要ですが、あくまで向くべき方向はチーム目標の達成です。一方、ここで紹介している**１ｏｎ１は、完全にメンバーのＷＩＬＬに目を向けた面談です。**マネージャーはメンバーが話したいことを聴くことに専念します。

■相互理解はビジネスで必要か

１ｏｎ１は、実はメンバーから敬遠されることがあります。「なぜ仕事とは関係のない話をしなければならないのか」「コミュニケーションの円滑さなど必要ないのでは？」と言う反応がしばしば聞かれます。

「みんな、プロフェッショナルなのだから、仕事に向き合うだけでいいのでは？」「今の上司と話すことなんてない」などと言う人もいます。しかし、人は感情を無にしようと思ってもできません。どうしても敵味方で捉えてしまったり、好き嫌いが起こったりします。みんなが味方同士、好き同士になる必要はないと思いますが、ビジネスを前に進める上で、必要以上に敵対心を持つことはマイナスでしかありません。

コロナ禍で在宅勤務が増え、多くの企業ではオフィスで雑談をする機会が減りました。以前のように同僚と連れ立ってランチをしたり、飲み会に行く機会も、減ったという人が多いのではないでしょうか。これによって「効率的に仕事ができるようになった」「面倒な社内行事がなくなって良かった」というような声も聞こえてきますが、実のところコミュニケーションはビジネスシーンでは多くの場合ポジティブに働きます。

営業の世界にはザイアンスの法則という法則があります。１９６０年代にロバート・ザイアンスという心理学者が唱えた法則ですが、簡単に言うと「人は長く会話した人に好感を抱き、商品を買いたいと思う」というものです。

つまり、関係づくりにおいては雑談でもかまわないので時間を共有した方がいい、という話です。

私が若い頃に在籍していた会社で、「相手への好意は、2人の間に共通点がどのぐらいあるかによっても決まる」と教わったことが、強く印象に残っています。たしかに出身地が同じ、趣味が同じなどの共通点がどの程度あるかで、コミュニケーションの取りやすさが変わり、人への印象は変わります。話題がつくりやすい、ということもありますが、親近感が湧きやすいということだと思います。

そして共通点を探すためには、相手理解と自己開示をセットで行うようにしましょう。相手の話を聞くだけでも駄目で、自分の考えや思い、あるいは経験してきたことを話すことで、お互いが共通点を認識し関係がつくりやすくなります。

そして関係性がある方が、メンバーにとってはマネージャーに相談もしやすいし意見も言いやすくなります。また、マネージャーにとっても、メンバーが頑なにフィードバックを受け入れにくい状態を回避するという利点があります。

自分のことを話す、ということ自体に抵抗を覚えるマネージャーもいるでしょう。ただ、自己開示とはプライベートなことを明かすことではありません（話の流れ上、必要があれば明かしてもいいと思いますが）。目の前の相手が、できるだけ率直に自分の思いや考えを話すための「呼び水」である、というのが正しい理解ではないかと思います。

■離　職人型の施策を実行する

最後に職人型の施策について説明します。

ここでの進化は「チームにおいて必要な仕事とムダな仕事は何か？」「効率化すべきではない仕事と効率化した方がいい仕事とは何か」というような重要な問いに対する答えをメンバーから引き出し、実行に移すことです。これらの問いへの答えも、課題解決を繰り返してきたことで深まっているはずです。

ここでは業務改善でよく用いられるＥＣＲＳというフレームワークを使って解説したいと思います。

チームの生産性を高めるためには業務の効率化や標準化が欠かせません。ビジネスにおけるスピードの重要性は一段と上がっています。職人型の施策をより強化し、少ないリソースで高い成果を上げるために、メンバーの目線をチームの生産性に向けさせましょう。

1 業務改善に着手する

日々仕事をしていると多くのメンバーは安定を好み、慣れた業務を捨てることや変えることを嫌うようになります。また、自分の業務を簡素化し標準化することは、手間がかかり敬遠されがちです。

もちろん専門性の高いアナログな仕事の領域では捨ててはいけないものもあるでしょうし、言語化することすら難しく簡素化し標準化しにくいものも含まれているでしょう。ただ、**「本当にそのプロセスは捨てられないのか？」「本当にその仕事は言語化できないのか？」をしっかり考えていかないと、あっという間に業務は膨れ上がり生産性は落ちてしまいます。**

ＥＣＲＳはEliminate「排除」、Combine「統合」、Rearrange「交換」、Simplify「簡素化」の四つの単語の頭文字をとってイクルスと呼ばれ、業務改善の観点とその順番を示しています。目新しいものではありませんが、日常的に使えるフレームワークなので、マネー

業務改善の4原則（ECRSの観点）

	概要	具体例
E Eliminate ～取り除けないか？～	業務のそもそもの目的や目標を見直し、不要な業務・なくせる業務はないかを検討する。	例） ● 会議体の削減、縮小 ● 報告書類の排除 ● 人員の削減
C Combine ～統合できないか？～	重複している機能がないか、他の業務と同時に処理できないかを検討する。	例） ● 会議体の結合 ● 作業人員の統一化 ● 似たような業務の包含
R Rearrange ～交換できないか？～	時間や場所、担当者を含めて、入れ替える（交換する）ことでより効率的に業務を遂行できないかを検討する。	例） ● 内部チェックのタイミングの前倒し ● 営業フローの変更 ● 担当者の変更
S Simplify ～簡素化できないか？～	システムの導入や自動化により単純・簡素にできないかを検討する。	例） ● 情報共有項目の簡素化 ● 作業テンプレートの構築 ● 作業の自動化

ジャーがチームの生産性を高めるために知っておくと便利です。

マネージャーは半期ごとを目安にして、次の四つの観点で業務の棚卸を行い、四つの観点で改善を行うようにします。

Eliminate（排除）

まず考えるべきは業務そもそもの目的や、目標に立ち返った時にその業務は本当に必要かどうかという観点です。もしそれが不要な業務・なくせる業務であれば削減することを検討しましょう。守破離の守と破で作った地図を元に、どの仕事を排除すべきかを考えることはその仕事の目的を考えることにもつながり、メンバーの視座を高めるトレーニングにもなります。

Combine（統合）

次に重複している仕事を統合できないかを考えます。例えば、それぞれ別の顧客を担当している2人が似たような提案書や企画書を作っているけれども共有されていない、というようなことはよくある話です。どの仕事を統合できるかを考えることは、仕事を構造化して共通点を抽出するトレーニングにもなります。

Rearrange（交換）

時間や場所、担当者、業務の順番を入れ替えることで効率化を図れないかを考えます。例えば、営業の際に移動する順番を入れ替えることで効率化を図るというのもそうですし、チームで仕事をしていて手待ちが頻発している状況で、業務フローを見直してみたら手待ちがなくなったというのもこれに当たります。

どの仕事を交換できるかを考えることは、段取り力を高めるトレーニングにもなります。

Simplify（簡素化）

最後に業務を標準化し、テンプレートやマニュアルなどを作れないか、さらにはシステムの導入や自動化によって単純化・簡素化できないかを検討しましょう。業務のフローを統一するのも簡素化です。最近では自動化できるアプリケーションも増えましたが、それらを活用することがこれにあたります。どの仕事を簡素化できるかを考えることも、統合と同様に仕事を構造化するトレーニングになります。

ＥＣＲＳそれぞれに「トレーニングにもなります」とあえて書いたのは、その能力がない中で議論をしても業務改善が中途半端に終わってしまいかねない、と思うからです。

■業務改善か能力向上か

マネージャーには、常に二つの選択肢があります。それは**業務をレベルアップする**のか、**人をレベルアップするのか**です。業務をレベルアップするのであれば業務改善という選択になるでしょうし、人をレベルアップするのであれば育成という選択になるでしょう。例えば提案のレベルを上げるというテーマ一つとっても、提案のフローを体系化し、提案資料のテンプレートをつくるといった業務のレベルを上げる選択肢もあれば、一人ひとりの提案スキルを上げるという人のレベルを上げる選択肢もあります。

難しいのは業務の簡素化や自動化を進めれば進めるほど、人は考える力をなくし新たなアイデアは生まれにくくなる、ということです。一方、人のスキルを上げようと仕事を任せればその人の能力は向上しますが、過度に任せてしまうと業務が属人化する、つまり他の人では対処できなくなるリスクがありますし、属人化することでそれぞれのこだわりが生まれ、チームとしての仕事の効率が下がることもよくあります。

そこでマネージャーに求められるのは、二つの選択肢のバランスを取り続けることですが、そのためには「自分がどちらの指向が強いのか」を、まずは知ることが大切です。例えば、提案のレベルを上げるというテーマについて、真っ先にマニュアルをつくるという方法を思いつくのであれば、業務を改善する指向が強いタイプです。

自動化できる部分と自分で考えさせたい部分を再度検討し、考えさせたいところはあえてマニュアルにしない、という一手間が重要になります。一方、この問いに対して真っ先に自分で考えながら成長していくことが大切と思うのであれば、メンバーに一から考えさせずマニュアル化できる部分はないのか検討してみましょう。

自分のタイプを知り、それを軸として逆の考えを取り入れる。このような思考を繰り返していくと業務の改善と能力向上の最適なバランスが見えてくるようになります。

2 新たな領域に専念する

ここまで様々な施策について説明をしてきました。マネジメントのゴールは、自分がいなくてもチームの目的・目標を持続的に達成できる状態にすることです。メンバーの視座が上がり、業績向上に向けた自立が進んでいることを確認したら、既存事業のマネジメントはメンバーに任せて新たな領域に挑戦しましょう。

このようにして既存事業が自立し、新規事業が立ち上がり、またその新規事業が自立しというサイクルが回ることで、チームの規模が大きくなっていくことが理想の状態です。

先日、「では、新たな領域はどのように立ち上げたらいいのでしょうか?」という質問をしてきた方がいました。私からは「今の事業で課題解決を繰り返していけば、いずれたどり着きますよ」とお伝えしました。新規ビジネスを立ち上げるテクニックのようなものが存在すると誤解している方が多いですが、基本的には今のチームで戦略を踏まえた目標の構造化を行い、課題解決を繰り返し、思考を止めさえしなければ、そのマーケットにどのような課題があり、どのようなニーズがあり、いかなるソリューションが求められているのかが次第にわかってきます。そこに新しい技術やアイデアを紐づけることが、シンプルですが新しいビジネスを立ち上げる基本です。

最後に、ここまで紹介した施策を実行する際の具体的なスケジュールをご紹介します。このスケジュールはチームメンバーの人数によっても変わってきます。ここではメンバーが

5名程度で若手社員から中堅社員までバランス良いチーム構成を想定していますので、みなさんの状況に合わせて施策のタイミングや回数は変更してください。

守破離の守と破の施策は初年度に実施し、守破離の離は2年目に実施することを想定しています。また、期初の施策は3月決算の会社であれば2月位から準備を始め、4月中にはメンバーと目線合わせができていることを目指します。上期と下期がある場合は9月位から準備をして下期スタートの10月中には目線合わせができていればいいと思います。

また期中の施策は1回実行すればいいというものではなく、繰り返し行って習慣化していくことが大切です。期中のチームの課題解決については最低1ヶ月に1回を目指しましょう。2週間に1回できるとなおいいと思います。マネージャーとメンバーの視界を共有して思考が自立しやすい、つまり問いが生まれやすい状況を早めにつくり、その問いを材料として課題解決を高速で行っていくことが柱になります。

3章から5章は実践編として具体的なマネジメントについて解説をしてきました。中には「こんなにたくさんのことをしなければいけないのか」「自分に地図が描けるだろうか」

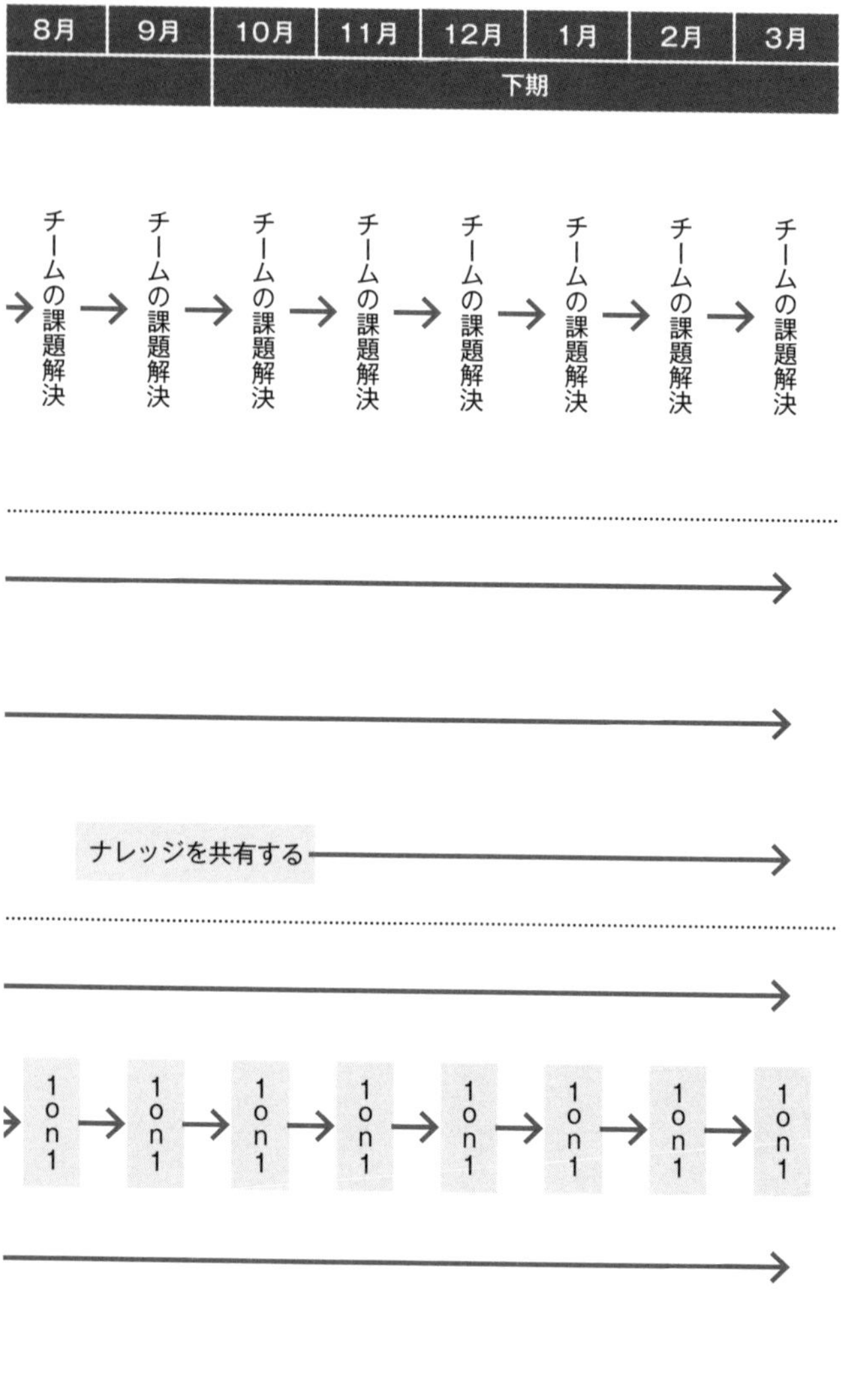

8月	9月	10月	11月	12月	1月	2月	3月
		下期					
チームの課題解決	チームの課題解決	チームの課題解決	チームの課題解決	チームの課題解決	チームの課題解決	チームの課題解決	チームの課題解決

ナレッジを共有する

1on1	1on1	1on1	1on1	1on1	1on1	1on1	1on1

伴走するマネジメント 施策実行スケジュール例

	2月	3月	4月	5月	6月	7月
			上期			
守（初年度）	チーム目標攻略の地図を描く		→	チームの課題解決 →	チームの課題解決 →	チームの課題解決 ―
破（初年度）	目的を魅力的に語る	規範を取り入れる	―			
	目的を魅力的に語る	個別課題を解決する	―			
	率先垂範する領域を決める					
離（2年目）	理念を策定する	理念を浸透する	―			
	キャリア面談を行う		→	1on1 →	1on1 →	1on1 ―
	業務改善に着手する	新領域に専念する	―			

各施策の左に置かれた四象限図（全行共通）：指示管理型／ビジョン型／職人型／奉仕型

と思う方もいるかもしれません。ですが、スモールスタートでかまいません。ただ実践を重ねるうちに、必ず習慣化されるはずです。逆にテレワークが増え、飲み会を含めた直接的なコミュニケーションが取りにくい環境において、地図がない状態だとどうなるか、今一度考えてみていただきたいと思います。難しい山であれば遭難しかねないのではないでしょうか。

そもそも押さえるべきは「軸の強化」と「弱点の克服」であり、それが伴走するマネジメントの本質です。

四つのマネジメント・タイプしかり、厳しさと優しさしかり、業務改善と能力向上しかり、マネージャーは多くの場面で一見すると矛盾する事象を同時に実現することを迫られます。そのような時は、まずは**中長期の視点に立ち、己を知り、その上で自分の想いや強みの部分を強化し軸として、軸が固まったら次に弱点を克服するように心がけましょう。**

一見すると矛盾しているように見えても、「軸の強化」「弱点の克服」という考え方で取り組めば両立させることは可能です。様々な場面で、そのような動きが自然にできるようになると、マネージャーとして一段も二段も成長します。

軸が定まっていない状態で周囲から言われていろいろなことに手を出してすべてが50点

という人をよく見ますが**「バランスを取る」というのは、あくまで軸をつくった上で他を取り入れていくということ**であり、最初から選択肢すべてに目を向けるということではありません。軸がしっかりしない状態で、いろいろな考え方や手法に目を向けていては、どれもが中途半端になりおそらくいいマネジメントができず自分もメンバーも混乱するだけでしょう。

マネジメントの進化とともにメンバーは成長し自立していきます。

そして、このことによってビジネスというゲームを有利に進めることができると信じています。

おわりに

本書をお読みいただきありがとうございます。
また、このたびはマネジメントという大きなテーマで本を書くという貴重な機会をいただき、多くの関係者のみなさま、特にライターの間杉俊彦さんと編集の三田智朗さんには心より感謝申し上げます。

ここではまず本書を書く中で特に意識したことを綴りたいと思います。

私が組織人事の世界に飛び込んだのは2003年9月。それから20年、ビジネスの進化に比べると組織マネジメントの進化の歩みは少し遅いように感じています。

毎年のように新しい概念が生まれては消え、結局は元の場所に戻ってくる。20年間、同じところをぐるぐると回っているような感覚さえ覚えていました。

例えば過去に流行した「ミッション」「コーチング」「モチベーション」という言葉は今

では「パーパス」「１ｏｎ１」「エンゲージメント」という言葉に変化して、あらためて流行していますが、それが進化なのかと問われると、本質は変わっていない気もしています。

これらの現象は、日本企業に組織マネジメントの重要性を様々な角度から認識させることには寄与していると思いますが、一方で情報が溢れ、多くのマネージャーを混乱させてしまい、組織マネジメントの本質から遠ざける一因にもなっています。研修を受けても、本を読んでも、自分なりの軸を持てずに成長できない。そして結局は自己流になって、あまり職場は活性化しない、という状況も生み出したと思っています。

これらの状況を踏まえながら、本書を書く上では三つのことを特に意識しました。

一つ目はマネジメントの全体像を示すこと。マネジメントにおけるすべての要素はつながっています。全体像を示すことで読者のみなさまが学んできた（もしくはこれから学ぶ）考え方やスキルがどこに位置づけられるのかを把握し、道に迷わないよう心がけました。

二つ目は、可能な限り普遍的で再現性のある考え方やスキルに絞ること。「20年間同じところをぐるぐる回っているのは、マネジメントの軸となる考え方は実はシンプルで普遍的である」と解釈することもできます。そこで可能な限り普遍的で再現性のある考え方やスキルに内容を絞ることを意識しました。

三つ目は、普遍的ではありながらも実務で明日から使える内容にすること。図やワークシートを多く用いて行動だけではなく思考の手順を丁寧に説明することで、職場で明日から使えるよう工夫しました。


読者のみなさまは、これからもマネジメントについて多くを経験するとともに、様々な媒体を通して多くの考え方やテクニックに出会うでしょう。本書をマネジメントやリーダーシップの学びを積み上げていく上での土台として使っていただけると幸いです。

本書を書き終えて、あらためて感じていることをお伝えして締めたいと思います。

ここ数カ月、本書を書きつつ、仕事では多くのマネージャーと対話を繰り返しながら「自分以外の誰かと視界を共有することって本当に難しい」、そして「自分以外の誰かと視界を共有することがもっと容易にできたら組織は必ず今よりよくなる」と、これまで以上に強く感じています。その想いが本書を書き進める中でも強い原動力となりました。

組織マネジメントには他にも多くのことが必要です。しかし視界の共有こそが「ど真ん中」にあるべきだと今、あらためて思っています。

マネージャーとメンバーの間に限らず、同僚間、部門間においても多くの問題は視界が共有できていないことで起こっています。平たく言うと「しっかり話し合えばわかるのに」ということなのですが、その当たり前がなかなかできない。その理由は、互いに大切にしているものが違い、話し合うことでそれが顕在化して立場が悪くなったり関係がぎくしゃくすることを恐れている、ということだと思います。また「その違いはどうせ解消できない」というあきらめもあるかもしれません。ただ、そう考えてしまうと「今の時代は多様性が重要」「今の若い人は自分達の頃と違う」という言葉を言い訳にして自分から壁をつくり、最低限の情報だけを共有してソツなくマネジメントをするようになってしまいます。

しかしそこからは本当のチームワークや一体感は決して生まれません。

これらのシンプルですが難しい問題に向き合うキーワードが「伴走」であり、その方法を形にしたのが本書です。第1章から第5章まで、すべての章で視界共有が共通のカギになっています。本書の内容が多くの職場でマネージャーのみなさまの助けになれば幸いです。

2023年5月　和田　真二

■ 著者プロフィール

和田 真二（ワダ シンジ）

早稲田大学　理工学部　卒業

トーメン（現：豊田通商）、日本オラクルを経て2003年リンクアンドモチベーション入社。組織開発コンサルティング部門長を経て2009年独立。株式会社トゥルーワード代表取締役。2016年よりフィールドマネージメント・ヒューマンリソースに参画。ディレクター。

伴走するマネジメント

2023年8月30日　初版第1刷発行

著　　者　和田 真二

ブックライティング　間杉 俊彦
カバー＆イラスト　小口 翔平＋後藤 司（tobufune）
本文デザイン・DTP　株式会社シーエーシー

発 行 者　石井 悟
発 行 所　株式会社自由国民社
〒171-0033　東京都豊島区高田3丁目10番11号
電話　03-6233-0781（代表）
https://www.jiyu.co.jp/

印 刷 所　横山印刷株式会社
製 本 所　新風製本株式会社
編集担当　三田 智朗